詩와 에스프리

사랑은 받을 때 보다 줄때가 더 행복하다

이민호

교음사

책 머리에

아버지는 화가였습니다. 늘 그림과 낚시에만 빠져 지내시던 아버지는 유배 자처럼 세상을 등지고 사셨습니다. 일본에서 독립운동을 하시다 해방 되던 그 해, 일본에서 돌아가신 할아버지와 한국전쟁 때 막내 동생을 전쟁터에서 잃고 경찰공무원이던 둘째 동생마저 빨치산에게 잡혀가 갖은 고초를 겪고 구사일생으로 살아 난후 시름시름 앓다 유명을 달리하자 아버지는 세상과 담을 쌓고 살았습니다. 그런 아버지를 대신해 어머니는 우리 육남매, 아홉 식구 가장이 되어 시장으로 나갔습니다. 새벽 통금 사이렌이 울리면 고단한 몸을 일으켜 어두운 해안 길을 따라 시장으로 가신 어머니는 해가 져서 캄캄한 밤중에 집으로 돌아 오셨습니다. 그렇게 오십 평생을 시장에서 갖은 고생을 하신 어머니는 단 한 번도 아버지를 원망하지 않으셨습니다. 그런 아버지를 보면서 아버지와 같은 삶을 살지 않으려고 마음을 굳게 먹었습니다.

내 나이 지천명을 훌쩍 넘긴 어느 날 살아온 여정을 문득 뒤돌아보니 치열하게 살아오지 못한 내 자신이 한없이 초라하기만 했습니다. 아버지가 남기고 가신 그림들을 얼마 전 하나씩 펼쳐 보았습니다. 살아생전 대수롭지 않게 여겼던 그 그림들이 놀랍도록 아름답고 뛰어난 작품이라는 것을 뒤늦게 깨달았을 때, 그 때의 심정은 아버지를 무시하고 초라하게만 여겼던 내 자신이 너무나 부끄럽기만 했습니다. 내 자식에게 아무리 못나고 초라한 부모라 할지라도 존경심을 잃지 마라. 교훈한 내 자신이 한없이 모자리게만 여겨졌습니다.

수필을 쓴 지도 어언 십 년이라는 세월이 흘렀습니다. 몇 해 전부터 새해가 되면 새로운 계획을 세울 때, 기필코 올해는 책을 펴내리라 결심했지만 그 계획은 번번이 유야무야 되고 말았습니다. 올 봄, 집을 나서다가 계단 틈 사이로 불끈 들어 올린 가녀린 새싹을 보고 나는 경이로움에 소름끼치는 놀라움을 느꼈습니다. 그토록 가녀린 새싹이 그 무겁고 단단한 시멘트를 들어 올릴 수 있다는 그것은 보이지 않는 생명 속의 어떤 힘이 작용하여 그런 놀라운 힘을 발휘한다는 것을 나는 조금이나마 깨닫게 되었습니다. 그것은 존재의 확인이며 살아있다는 것의 위대함이었습니다.

아버지의 처절한 몸부림이 담긴 그림을 액자에 담아 거실 가운데 걸었습니다. 아버지의 위대함을 가슴에 새기며 글쟁이의 본분을 늦게나마 지켜 나가려고 합니다.

이 한 권의 책을 세상에 조심스럽게 내려고 합니다. 내가 이 세상에 나와 많은 인연을 만나 정을 나눈 이야기, 어릴 적 추억, 가족이야기를 이 책에 담습니다. 책을 아름답게 꾸미는 것보다 진실한 마음을 그대로 옮겼습니다.

항상 원근에서 지켜봐주시고 격려해주시는 모든 분들과 사랑하는 내 아내 연이와 내 모든 것을 다 주어도 아깝지 않을 내 아들 지성이, 가족들과 함께 이 기쁨을 나누고 싶습니다.

2015년 8월 有數 이민호

이민호 詩와 에스프리

1부 사랑을 받아 본 사람만이 주는 법도 안다

2부 사랑은 받을 때 보다 줄때가 더 행복하다

3부 사랑은 오래 나누어야 행복하다

4부 사랑은 가슴으로 안을 때 진정한 행복이 된다

산다는 것이

아름답다고 생각하면 행복해진다

내가 살아가는 이유는

내 자신과

내 주위의 사람들을 사랑하는 마음이 있기 때문이다

1부

사랑을 받아 본 사람만이 주는 법도 안다

사랑을 받아 본 사람만이 주는 법도 안다

아침 일찍 잠에서 깨어 마당으로 나서려는데 마루 위 마당 구석구석마다 온 사방에 붉은 게 천지였다. 처음 보는 광경이라 유심히 살펴보았다. 높은 담장을 타고 넘는 녀석이 있는가 하면 개구멍으로 살금살금 기어 들어오는 녀석도 있고, 열린 대문으로 당당하게 정면 돌파를 하는 놈도 있었다.

외할머니는 저것들도 이 세상에 필요해서 태어났으니 함부로 죽이지 말라고 하셨다. 외할머니는 마당 한쪽에 음식 찌꺼기를 놓아 두셨다. 도둑 게들은 음식 찌꺼기를 하나도 남김없이 다 먹어 치웠다.

신발을 신는데 딱딱한 것이 발을 찔렀다. 신발을 치켜드니 한 녀석이 신발 속에 들어가 있다가 땅에 떨어졌다. 괘씸한 생각에 신발로 두들겨 세상을 하직시켰나. 옆에 있는 몇 놈을 더 잡고 나서 정신을 차렸다.

텔레비전 안에서 붉은 도둑 게 무리가 우르르 쏟아져 나온다
놀라 줄행랑을 친다
한참을 달리다 멈춰서니 넓은 갯벌이다
밤새 게들에게 쫓기다가 꿈에서 깨어나니 창밖이 어스름했다
게에게 쫓기는 꿈을 꾸고 난후 난 더 이상 게를 죽이지 않았다
어릴 적 어머니가 외가 집에 가는 날에는 난 따라 가지 않으려고 뒤꽁무니를 뺐다

갯벌에 물이 빠지자 붉은 게들이 갯벌 속에서 기어 나온다. 도둑 게들은 갈대 숲 넓은 갯벌을 지나 하나 둘씩 땅 위로 기어올라 차들이 질주하는 아스팔트 위로 무단 횡단을 감행한다. 어떤 놈은 높은 담장을 기어오르기도 하고 또 어떤 놈은 대문을 넘어 당당하게 자기 집 인양 들어간다. 잡식성인 이놈들은 사람이 먹다 남긴 수박 껍질도 다 먹어 버리고, 개 밥 그릇을 혼자 차지하기도 하고, 심지어는 부엌에 차려 놓은 밥상을 넘보기도 한다.

도둑 게는 여름 습도가 높은 우기 철에 땅으로 기어 올라와 바다가 인접한 인가에 들어와서 두 달여를 보내다가 산란기 보름달이 뜨면 바다로 돌아간다. 언젠가 붉은 갑옷을 입은 이놈들을 애완용으로 키웠으면 좋겠다고 생각한 적이 있었다.

조용히 방문을 열고 들어온 아이는 내 팔을 끌어다 팔베개를 한다. 몸을 돌려 품안으로 파고들며 얼굴을 비빈다. 아빠가 좋으냐는 물음에 대답 대신 고개를 끄덕인다. 늘 혼자인 아이는 사람이 그립다. 그래서 학교에 가는 것을 좋아 한다. 집에선 시끄럽다며 뛰지 말라고 혼을 내기 때문이기도 하지만 이웃에 놀아줄 친구가 없는 탓에 늘 책상에 앉아 조용히 책을 읽는다.

언젠가 동생이 하나 있으면 좋겠다고 엄마에게 말 했다가 너 주워온 곳에서 하나 더 주워온다는 말에 다시는 동생 이야기를 꺼내지 않았다. 내가 집에 있으면 아이는 언제나 내 주위를 맴돈다. 내가 아이만 할 때는 아버지의 손을 잡고 영화 구경이나 자장면 먹으러 간 적도 목욕탕에서 서로의 등을 밀어 준 적도 단 한 번도 없었다. 어릴 적 아버지와의 즐거웠던 추억들이 그다지 많지 않는 까닭에 시간이 날 때 마다 아이 손을 잡고 그림 전시회도 가고, 자장면도 먹으러 가고, 옷이랑 신발도 사러 가고, 서점도 같이 가고, 영화도 보러 간다. 사랑을 많이 받아 본 사람이 더 많은 사랑을 준다는 생각 때문이다.

아들아
당당하게 가슴을 활짝 펴고 걸어라
이 세상이 험하고 힘들다고 하지만
이 세상은 살만한 가치가 있단다

아들아

진실한 마음으로 살아라
살다보면 슬픈 날도 고통스런 날도 있지만
그날들을 이겨내면
눈부신 아침 햇살이
온 세상 가득 너를 위해 내릴 것이다

아들아
네 자신을 사랑해라
이 세상을 사랑하는 눈으로 바라보면
모든 것은 아름답고 귀하게 보일 것이다
사랑은 주면 줄수록 더 행복해 지는 것이니
너의 가슴은 행복으로 가득 차오를 것이다

아들아
언제나 꿈을 꾸며 살아라
이 세상은 너를 위해 존재하는 것이니
저 높고 넓은 하늘은 너의 것이란다

-〔아들아〕 전문

서재에 앉아 책에 열중하고 있을 때, 조용히 문을 열고 다가온 아이가 한 팔로 내 목을 휘감으며,

"강아지 갖고 싶어요."

"강아지? 어떤 강아지?"

"작고 예쁜 걸로요."

"아빠는 강아지 안 좋아하는데."

"심심해서 친구 삼으려고요. 사주 세요."

"그럼, 사 주는 대신 밥 주고 목욕시키고 전부 다 할 거지?"

"네. 전부 다 할게요."

아이와의 대화를 듣고 있던 아내가 거실에서 소리쳤다.

"안 돼! 강아지는."

"엄마는 왜, 그러세요?"

아이가 볼멘소리로 말했다.

"난 싫어. 냄새도 나고 털 여기저기 바닥에 떨어져 있는 것도 싫고."

단호한 엄마의 말에 아이는 더 이상 대꾸를 하지 않고 자기 방으로 갔다.

우리 집은 바다가 보이는 언덕 위에 있었다.

이층 목조 건물이었던 우리 집은 넓은 마당과 장독대 옆에 큰 우물이 있는 방이 여덟 개나 되는 동네에서 제일 큰 집이었다. 이층 층계 끝 남쪽 창문을 열면 아름다운 항구가 한 눈에 보였다.

우리 집엔 흰 바탕에 머리와 등에 큰 까만 점이 있는 고양이 한 마리가 있었다. 다른 집에는 저마다 개 한 마리씩 키우고 있었지만 유난히 동물을 싫어하는 어머니 때문에 개 키울 엄두는 아무도 내지 못했다.

나비는 우리 집의 유일한 동물이었다. 밤이 되면 쥐들은 천장위에서 어지럽게 뛰어 다녔다. 식구들의 온 신경은 모두 그곳으로 몰려 있었다.

쥐들은 광에 둔 쌀가마니를 뚫어 놓는가 하면 서재에 들어가 아버지가 그려 놓은 그림위에다 오줌을 누고 갈기갈기 찢어 놓기도 했다. 이것을 참지 못한 아버지는 장날에 고양이를 사 들고 왔다.

나비는 어머니 근처에는 얼씬도 못했다. 나비 밥은 내가 늘 챙겨야 했다. 나비가 우리 집에 온 후로 쥐들은 신기하게도 자취를 감췄나. 나비는 동생과 나를 잘 따랐다. 밤이 되면 우리 방문 앞에서 소리를 냈다. 방문을 열어 주지 않으면 발톱으로 방문을 긁았다. 이불위에서 자는 나비를 보면 어머니는 한 손으로 집어 들어 마당으로 내던졌다. 나비는 얼마 지나지 않아 방문 앞에서 울음소리를 냈다.

나비는 우리와 십년을 살았다. 사람 말귀를 다 알아 들었다. 동생과 내가 다투는 소리가 나면 쏜살같이 달려와 싸움을 말렸다. 싸움을 멈추지 않으면 유독 내 다리만 할퀴고 물었다. 그러던 어느 날 나비가 보이지 않았다. 식구들은 온종일 나비를 찾았다. 나비는 뒷날 자기 집에서 잠을 자듯이 죽어있었다. 동생과 나는 나비를 상자에 담아 뒷산에 고이 묻어 주었다. 나비를 묻고 한참을 그 자리에서 울었다. 나비가 죽고 난 후에 우리는 더 이상 고양이를 키우지 않았다.

선배의 집에서 젖을 갓 뗀 치와와를 데려왔다.

연이는 기겁을 하며 집안에는 절대 안 된다고 했다. 현관 입구에 사 온 개집에 헌옷을 깔아 주고 개를 놓아두니 사흘 밤을 끙끙거리고 울었다. 아이는 친구가 생겼다며 온 종일 개와 놀았다. 아이는 개를 멍 돌이라고 불렀다. 개를 만지고 들어온 아이의 손에서 개 특유의 냄새가 났다. 내 샴푸로 개를 씻겼다. 그것도 잠시 개에게서 다시 냄새가 났다. 개를 만지고 들어오는 아이에게 꼭 손을 씻으라고 당부를 했다.

아이가 학교에 가고 책상에 앉아 책을 읽고 있는데 밖에서 낑낑거리는 소리가 났다. 나가보니 개는 오줌을 누고 그 주위를 돌며 소리를 내고 있었다. 수도 호수를 내려 씻었다. 그리고 두 시간쯤 지났을까 또 밖에서 낑낑거리는 소리가 났다. 오줌 눈 자리를 물로 씻었다. 물로 씻고 나자 개는 아무 소리도 안했다. 개는 똥과 오줌을 누고 난 후에는 나에게 신호를 보냈다. 유난히 깔 끔을 떠는 나에게 대적을 하듯 놈은 나를 가만 두지 않았다. 개 뒤치다꺼리는 온전히 내 몫이 되고 말았다. 하루에 목욕을 두 번이나 시켰다.

예쁜 개가 있다는 말에 동네 아이들은 매일같이 찾아와서 뛰어 노는 통에 집은 조용할 날이 없었다. 난 개가 온 뒤에는 일에 집중을 할 수 없었다. 그러던 어느 날 마당에서 놀던 아이가 황급히 현관문을 들어서며 큰소리로 말했다.

"아빠! 멍 돌이가 지가 눈 똥을 먹어요."

개는 자기 똥을 먹고 있었다. 입과 입속을 씻겼다. 개가 먹다 남긴 사료 부대와 밥그릇을 챙겨 개 주인에게 도로 갖다 주었다. 조용한 집이 절간 같았다. 아이는 두 번 다시 강아지 이야기를 꺼내지 않았다.

오늘 아침에 아이가 앵무새 이야기를 했다. 온종일 시내를 돌아 다녔지만 앵무새 파는 곳은 한 군데도 없었다. 작년 조류 독감의 여파로 조류 파는 곳은 다 없어지고 애견 센터만 줄줄이 생겨 나 있었다.

〔09.06.문학세계〕

봄 비

초록이 내린다
꽃을 피우지 않으면 건너 갈 수 없는 계절이
그리움의 비를 뿌린다

어둡고 딱딱했던 날들이 가고
그리움이 붉게 물드는 계절이 앞에 선다
타 닥 타 닥
마른 나무 두드리는 소리
통 당 통 당
처마 끝 낙숫물 소리

말없이 왔다가 멀어져 가는 계절 속에
지난 추억이 붉게 물드는 날
진한 그리움을 몰고 온 비가 내린다
초록이 내린다
한 계절 묻어 두었던 그 시간들을
베마른 대지위에 쏟아낸다

詩

백수 날다

백수白手 된지
어언 십 수 년
땀 흘려 돈 한 푼 벌어본 적 없는 내가
되지도 않는 글 끼적거려
몇 십 만원
지갑에 넣고 보니
먹지 않아도
배가 불쑥
어깨가 으쓱
아이에게
뭐 가지고 싶냐
아내에게
오늘 맛있는 것 다 사 주마
큰 소리를 쳐 본다

우리 집 짬뽕

“맘! 맘! 어디 있어요?

2박3일 합창단 여름캠프에 막 돌아온 아들 녀석이 대문을 들어서자마자 엄마부터 찾는다.

“오! 우리 아들 인제 오나? 어서오너라.”

“마미는 아들이 애타게 부르는데 뭐 하고 있었어요? 아들이 반갑지 않아요? 얼른 밥 주세요. 배고파요.”

“점심 안 먹었니?”

“먹었지요. 밥 먹고 합창 연습하느라 배 다 꺼졌어요.”

생떼를 쓰는 아이의 손을 잡고 아내는 얼굴 가득 웃음만 보인다. 이제 초등학교 5학년이 된 아들 녀석은 밥을 한 끼라도 거르면 마치 죽을 것처럼 야단이 난다. 된장찌개와 김치찌개를 제일 좋아하는 녀석은 토종이다. 피자, 햄버거, 콜라, 혼합음료는 물론 인스턴트 음식은 먹지 않는다. 어릴 적부터 먹이지 않았다. 과자도 색소가 들어있지 않은 것만 먹고 용돈을 주면 차곡차곡 모아 두었다가 학교 통장에 저금을 한다.

언젠가 저녁밥을 먹는데 젓가락으로 밥을 뒤적이는 아이를 보고 오늘 학교에서 뭘 먹었냐고 묻자, 반 친구들이 과자를 사 먹는 것을 보고 과자를 사서 친구들과 나눠 먹었다는 말에 엄마에게 혼이 난 녀석은 두 번 다시 용돈으로 과자를 사 먹지 않았다.

친구들은 자식들 결혼시킨다. 손주를 봅네 하고 야단들이다. 난 늦둥이 아들을 낳아 이제 열두 살이 되었다. 아이 백일 날 친구들은 어떻게 키울 거냐며 걱정 반 부러움 반 모두들 한 마디씩 하고 갔다. 그러고 보니 세월은 참으로 빠르기만 하다. 약간의 소심함과 활달한 성격을 지닌 아이는 성격이 좋아서 잘못해서 혼이 날 때는 눈물을 뚝뚝 흘리다가도 돌아서면 언제 그랬냐는 듯 활짝 웃음을 보인다.

나는 바닷가에서 나고 자란 탓에 육식은 거의 하지 않고 생선과 채식을 주로 하는데 아이는 식성까지도 나를 닮아 매번 밥상에 생선이 빠지지 않는다.

언젠가 저녁밥을 먹다가 밥을 먹지 않는 아이를 보고,

"왜? 밥 안 먹니?"

"엄마가 생선반찬 해 주기로 해 놓고 안 해주잖아요."

"이놈아! 반찬이 이렇게 많은데 고기 없다고 밥을 안 먹느냐! 이놈 이

거 밥 굶겨라. 배가 아직 덜 고픈 모양이다."

눈물이 글썽해진 아이가 안쓰러워진 엄마가 생선을 구워주자 그제야 밥을 먹는다.

"참 웃기는 짬뽕이네. 이놈 이거."

"내가 왜? 짬뽕인데요?"

"네가 하는 짓이 꼭 짬뽕 같아서 하는 소리다."

"하지 마세요. 듣기 싫어요."

"엄마하고 아빠하고 반반 섞어서 널 만들었으니 넌 이제부터 웃기는 짬뽕이다. 이놈아!"

"그럼, 아빠도 짬뽕이겠네요?"

"뭐라고?"

"아빠도 할머니와 할아버지가 반반 섞어서 만들었으니 짬뽕 이지요."

집사람과 난 서로 마주 보며 한참을 웃었다.

"어이! 아들 어디 있어?

책상위에 온통 책들을 펼쳐놓고 아이는 거울 앞에 서서 자기 얼굴을 들여다보느라 부르는 것도 모르고 있다가 내가 등 뒤로 다가가자 그제야 알아차리고 머쓱한 웃음을 짓는다.

"이놈아! 거울 어지간히 들여다봐라. 거울 뚫어지겠다."

아들 녀석은 책상에 앉아 책을 읽다가도 거울 앞에 다가가 자신의 모습을 비춰보며 자기도취에 빠진다. 이 세상에서 자기가 제일 잘 나고 제일 멋있다고 생각하는 녀석은 시도 때도 없이 머리를 매만지거나 온갖 얼굴 표정을 지어보이며 아빠보다도 자기가 더 잘났다며 우기기도 하고 학교에 갈 때나 밖에 나갈 때도 옷차림새에 무척 신경을 쓴다. 무지하게 깔끔을 떠는 날 보고 자란 탓에 옷에 작은 먼지라도 묻으면 방금 입은 옷일망정 새로 갈아입는다. 거실 한 쪽 벽에 걸어둔 전신 거울은 내가 가장 많이 애용하는 것인데 어느 날부터 녀석이 차지하는 날이 많아졌다.

어느 날, 학교에서 돌아온 녀석이 장기 한 판 두자고 나를 졸랐다. 한쪽 기물을 다 떼고 장기를 두어도 녀석은 내게 대적이 되지 않았다. 두 판을 연이어지자 녀석은 특유의 승부 근성이 발동되었다. 또 세 판을 지자 녀석은 입을 다물었다. 나는 녀석의 약을 올렸다. 녀석의 눈에 눈물이 고였다. 녀석은 원망 섞인 목소리로 다시는 아빠와 장기를 두지 않겠다고 했다. 하지만 녀석의 장담은 며칠가지 않았다.

녀석은 스토커다. 내 주위를 항상 맴돌며 내가 무얼 하는지 감시한다. 방학을 하면 녀석은 오전에 잠깐 영어교실에 다녀오고 나면 온종일 집에 붙어산다. 오전 내내 잠을 자는 내 옆에 살그머니 다가와 내 배를 슬슬 만지기도 하고 다리 한쪽을 내 다리위에 얹어 살살 부비기도 한다. 그리고 내가 거실에 누워 TV를 보고 있으면 내 팔을 베게삼아 품을 파고들기도 하고 실컷 나를 귀찮게 하다가 그만 떨어지라고 말하면 내게서 할아버지 냄새가 난다며 마지못해 물러난다. 또 어떤 때는 내게서 나는 냄새가 좋다고 하기도 한다.

이른 아침 집안이 요란해서 잠이 깨었다. 저녁 9시엔 자고 아침 6시면 어김없이 일어나는 녀석이 온 거실을 운동장 삼아 뛰어다니며 운동을 하고 있었다. 새벽 늦게 컴퓨터 앞에 앉아 있었던 나는 녀석의 요란한 발동작 때문에 잠을 다시 이룰 수가 없었다. 오전 내내 잠을 자는 나는 온종일 머리가 몽롱해져 정신을 차릴 수가 없었다. 녀석에게 아침엔 거실에서 뛰지 말라고 신신당부를 했다.

우당탕탕, 무언가가 넘어져 깨지는 소리에 잠에서 깨어났다.

아침 일찍 일어난 녀석은 태권도 발차기 연습을 하다 거실 옆에 세워둔 자전거를 발로 차서 두 대의 자전거가 연이어 넘어지면서 정수기 한쪽을 망가트렸다. 엄마의 불호령에 오전 내내 책상에 앉아 있던 녀석은 오후가 되자 야구 놀이에 열중이었다. 색종이를 공처럼 둘둘 말아 벽을 향해 던지고 놀다가 내가 거실로 나가자 얼른 색종이 공을 뒤로 감췄다. 전에도 한 번 혼이 난 적이 있는 녀석은 내 눈치만 보고 있다가 슬그머니 자기 책상으로 갔다.

컴퓨터를 하는 녀석의 뒤로 살그머니 다가가 무얼 하는지 살피다가 책상 위에 벗어둔 내 안경이 이상해서 살펴보니 다리 한쪽이 망가져 있었다. 녀석에게 물었다. 녀석은 대답을 못하고 내 눈치만 보다가 그냥 보기만 했다고 발뺌을 했다. 몇 번의 추궁에 호기심에 만져 보다가 다리를 부러뜨렸다고 했다. 오후 내내 녀석은 내 근처에 얼씬도 하지 않았다.

집 앞 오르는 세난에서 공차기를 한다

계단위로 차올린 공은 굴러 내게로 되돌아온다
신명이 나지 않는다
서울 유학 간 누이가 생각난다

엄마에게 물었다
"엄마, 난 왜? 동생이 없어?"
엄마의 표정을 살핀다
엄마는 오후 내내 아무 말씀도 하지 않으셨다

"아들이 아주 잘 생겼군요."
"아빠를 닮았나요?"
"늦둥이군요."
종종 듣는 말이다
엄마는 나를 가지고 열 달 내내 고생을 하셨다

며칠 동안 아무 말씀도 없으시던
엄마가 저녁상에
모두 둘러앉은 자리에서
"동생이 정 갖고 싶으면 너 주워온 다리 밑에서 하나 주워 올까?"
"싫어요. 이제 다시는 동생 낳아 달라고 하지 않을 거예요."
아빠와 엄마는 아무 말 없이 빙그레 웃기만 하셨다

-〔동생〕 전문

위의 글은 아이가 일 살 때 개천예술제 백일장에서 운문 부문 참방상을 받은 글이다.

아이는 약간의 소심함과 활달한 성격을 가졌다. 조금 전까지 혼이 나 눈물을 글썽이다가도 돌아서면 언제 그랬냐는 듯 웃음을 보인다. 음악성과 작문에 남다른 능력을 가진 것은 나를 닮았고 미술성은 할아버지를 쏙 빼 닮았다. 이제 초등학교 5학년이 된 아이는 어떤 때는 철부지 같다가도 또 어떤 때는 나이 먹은 어른처럼 굴기도 한다.

온 집안에 노래 소리가 울려 퍼진다. 합창단 정기연주회가 얼마 남지 않은 아이는 이른 아침부터 목청껏 노래를 부른다. 이번 방학동안 내내 편한 아침잠을 자기는 아예 틀린 것 같다.

〔09.08.17일〕

詩

시 장

통영 동호동 중앙시장
그 옛날 새벽통금 사이렌 울리던 시절부터
황숙자 할머니
좌판에 앉아
육십 년째
세월을 팔고 있다

미항이라 소문난 통영 항
저 멀리 제주에서 불어오는 바람도
쉬어가는 곳
푸른 남해에서 건져 올린
미역 김 파래 톳 홍합 조개 새우 고동
칠십 넷 주름진 손에
자식 자랑하듯 갯것전을 펼친다

곱디고운 열아홉 남해 처녀

경상도 사내 다부진 모습 좋아
시집와 세상 물정 모르는 남편
벌목 사업 손 댔다
기름진 옥답 모두 다 날리고
육남매 공부시키기 위해
난전에서 갯것전 좌판 열어
이제 자식들 모두 시집 장가보내고
조개 홍합 새우 곱게 다듬어
시집보내는 게 재미있어
장날이면 혼례 전날처럼
설렌다는 할머니

해질녘 장보러 나온 새댁에게
혼수품 챙겨주듯
비닐봉지 가득
떨이로 내보내고
애지중지 마음도 담아 보내고
파장하는 장터에
긴긴 봄 해는 기울고
남산을 길게 드리운 그림자는
동호강구를 적신다

고약한 버릇

나의 고약한 버릇은 아주 어릴 적부터 시작되었다.

내 어머니는 무척 깔끔하고 정갈하신 분이셨다. 음식 솜씨가 매우 좋으셨던 어머니는 백옥 같은 피부에 소박하고 단정한 옷차림새에 깔끔한 성격이셨다. 난 그런 어머니를 쏙 빼 닮아 늘 몸을 깨끗하게 하고 차림새를 단정하게 하고 다녔다. 그 뿐만 아니라 성격도 유난해서 내가 쓰는 물건과 옷가지 들은 손대지 못하게 하고 식구들이 둘러앉아 먹는 된장찌개, 물김치 종류는 숟가락도 대지 않았다. 그런 나를, 형제들은 '어사또' 라고 불렀다.

난 약속이 있는 날이면 두 시간 전 부터 분주해진다.

샤워를 하고 드레스 룸에서 맘에 드는 이 옷 저 옷을 입어보고 불고 털고 하다 보면 한 시간은 어느새 훌쩍 가 버린다. 그리고 약속장소로 먼저 나가 상대방을 기다린다. 약속시간에 늦게 나가 상대방을 기다리게 하는 것은 예의에 어긋난다는 생각이기 때문이다.

난 몇 번의 피부과에 간 적이 있다.

하루에 셀 수도 없이 손을 씻는 나는 가방 속에 늘 비누와 손 세정제를 넣어 다닌다. 음식점이나 커피숍에 들어가면 맨 먼저 손 씻을 곳부터 찾는다. 손을 너무 자주 씻는 탓에 손 등이 가렵고 부어오르는 주부습진에 걸려 몇 달 간씩 병원 치료를 받기도 했다. 하루에 백 번 넘게 손을 씻는다는 내 말에 의사는 내가 요리사인줄 착각을 하기도 했다.

그리 오래되지 않은 어느 날, 오랜만에 친구들과 만나 이름난 냉면집에 점심을 먹으러 갔다. 냉면을 주문하고 음식이 나올 동안 우리들은 잡다한 이야기를 꺼내 웃고 떠들고 있었다. 그러던 어느 순간 우리가 앉아 있는 방 창문 너머에서 여자의 끙끙대는 소리가 들렸다. 나는 창문을 조심스레 열고 목을 길게 빼서 소리 나는 쪽을 쳐다보았다. 창 너머에는 몸집이 아주 뚱뚱한 중년의 아주머니가 큰 가마솥위에 국수 뽑는 기계를 걸어 놓고 이마에 흐르는 땀을 연신 손으로 훔치며 냉면가락을 내리고 있었다. 난 대수롭지 않게 여기며 다시 친구들과 이야기에 집중하고 있었다. 그리고 얼마 지나지 않아 창문너머에서 세찬 물 흐르는 소리가 났다. 나는 다시 고개를 쭉 내밀어 창문 너머로 쳐다보았다. 그 아주머니는 가마솥 옆에 쭈그리고 앉아 급한 볼일을 보고 있었다. 그 광경을 보고 가져온 냉면에 젓가락이 가질 않았다. 그날 이후로, 난 그 집에 두 번 다시 가지 않았다.

나는 식당에 가면 자리에 앉자마자 탁자를 검지로 훑어보고 먼지가 조금이라도 묻어나면 종업원이 가져온 물수건으로 앞뒤로 뒤집어 가며 깨끗하게 닦는다. 내가 자주 가는 단골집은 내가 들어서기가 무섭게 달려 와서 행주로 탁자를 닦는 주인도 있다.

요즈음은 물수건을 깨끗이 삶아서 내어 놓는 가게도 많지만 번거롭고 귀찮다는 이유로 업소용 물수건을 쓰는 음식점이 많다. 업소용 물수건을 내어 놓는 음식점에 가면 난 화장실로 가 락스 냄새가 나지 않을 때까지 물수건을 깨끗이 씻는다. 내가 자주 가는 단골집 중에는 다른 손님에게는 업소용 물수건을 주고 나에게는 직접 빨아 삶아놓은 물수건을 내어 온다. 그리고 뜨거운 물을 한 컵 달라고 해서 수저를 담가 놓으며 수저는 탁자 위에 놓지 않고 음식 접시 가장자리에 걸쳐 놓거나 티슈 위에 놓는다.

매끼마다 새로 한 밥과 반찬, 국을 먹는 나는 육식보다는 생선과 채식을 주로 한다. 남해 바다에서 나고 자란 나는 어릴 적부터 청정한 바다에서 나는 온갖 해산물들을 먹고 자란 탓에 싱싱하지 않는 해산물은 입에 대지도 않는다. 냄새가 역한 홍어와 젓갈은 먹지 않고 말린 오징어와 멸치 외에는 말린 생선으로 조림을 하거나 찜을 한 음식은 내 밥상에 오르지 않는다.

난 약속이 많은 날에는 수시로 집으로 와 옷을 갈아입고 나가는데 자리에 앉았다 일어나면 바지에 구김이 진 것을 참지 못해 바지와 와이셔츠를 갈아입는다. 십 년 전만 해도 삶아 빤 흰 면 속옷만 입었고 비 오는 날에는 흰 바지 차림에 구두가 빗물에 젖는 것이 싫어 봉지에 담아 가지고 가서 약속장소 입구에서 갈아 신기도 했다.

아이가 어릴 때는 아이가 가지고 놀던 장난감과 과자 부스러기가 방바닥에 널려 있거나 머리카락 한 오라기도 방바닥에 떨어져 있으면 아내를 나무랐다. 처음에는 이런 내가 부담스러워 마음고생을 심하게 하던 아내도 나와 함께 이십여 년을 살아오는 동안에 나를 닮아가 이제는 나보다 더 유난을 떨기도 한다.

어느새 중학생이 된 아이도 거울 앞에 자주 서 있는걸 보게 된다. 온갖 표정을 지으며 머리를 손질하고 옷에 묻은 작은 티끌 하나도 털어내는 아이는 식습관도 유난히 깔 끔을 떠는 나를 쏙 빼 닮아 있다.

이제 나이가 들어감에 따라 유난한 결벽증의 습관도 많이 누그러졌지만 아직도 변함없는 고약한 버릇은 '세살 버릇 여든까지 간다.'는 속담과 같이 한번 뿌리박힌 습관이 하루아침에 고치기란 참으로 어려운 일인 것 같다.

詩

추 억·2

지나간 기억들을 떠 올릴 때마다
추억은 소리 없이 다가온다

아름답던 기억들은
등 뒤에 서 있고
슬픈 기억들은
언제나 앞에 서 있다
세월은
강물처럼 흘러가고
추억 진
자리는 변해가지만
아련한 기억속의
그날들은
흑백의 사진처럼
그 시간 속에 멈춰 서 있다

나의 이상형

방안에서 아이와 함께 나란히 큰 베개를 하고 누워 텔레비전을 보다가 좋아하는 연예인이 있냐고 물었다. 아이는 잠깐의 망설임도 없이 없다고 답했다. 난 요즘 잘 나가는 여자 연예인 몇몇의 이름을 대며,

"얼굴도 예쁘고 몸매도 예쁘고 멋지지 않니?"

"전, 별로인데요."

"그럼, 누가 제일 예쁜데?"

"전요, 우리 엄마가 제일 예쁘고 좋아요. 우리 엄마보다 더 예쁘고 잘난 여자는 한 번도 보지 못했어요."

나도 아이 나이 때에는 누가 물으면 그렇게 답했다. 내 어릴 적 이상형의 첫 번째 여성은 어머니였다. 어머니께선 육남매 중 다섯째 인 나를 제일 살뜰히 보살펴 주셨다. 내 말이라면 무잇이든 다 들어 주셨고 형제

들 몰래 용돈을 손에 쥐어 주셨다. 백옥 같은 하얀 피부에 인자한 눈, 부드러운 음성을 가진 어머니는 언제나 정갈한 모습에 음식 솜씨도 아주 좋으셨다. 천사 같은 따뜻한 어머니 품에서 자란 나의 유년시절은 행복하기만 했고 후일 커서 어른이 되면 어머니 같은 사람 만나 결혼 하리라 마음먹었었다.

내가 초등학교를 졸업하고 중학에 들어가자 나의 이상형은 한순간 바뀌고 말았다. 2학기 초 새로 전근을 오신 영어 선생님을 본 순간 우리 어머니 보다 더 아름다운 여성이 있다는 것에 놀라고 말았다. 반 친구들보다 제일 키가 작았던 나는 교단 중앙 맨 앞자리에 앉아 있었다. 종종 선생님의 물음에 일어나 답을 하는 일이 잦아지면서 선생님의 눈에 들었고 방과 후에 빈 교실에서 선생님과 부족한 공부를 하게 되면서 점점 선생님과 가까워지게 되었다. 그리고 휴일이면 공부를 핑계로 학교 사택에 혼자 계시는 선생님을 찾아가 점심도 먹고 외국 서적 번역을 하는 선생님 곁에서 방 한편에 쌓여있는 영문서적들을 뒤적거리며 날이 어두워지도록 시간을 보내기도 했다.

처녀였던 선생님은 단발머리에 초롱초롱한 눈에 검정 뿔테안경을 쓰고 다니셨고, 단정한 몸매에 성품도 다정한 분이셨다. 난 선생님께 잘 보이기 위해 영어 공부에 열중 했고 다른 과목보다 영어는 늘 최고 점수를 받았다. 그렇게 선생님은 차츰 내 마음속에 이상형으로 자리 잡아 갔고 훗날 선생님 닮은 사람 만나기를 소원했었다.

고등학교에 진학하고 여름 방학을 맞아 집으로 내려온 나는 온종일 방안에 틀어 박혀 책만 읽기 일쑤였다. 해가 서쪽 나폴리 구름다리 위에 걸려 있는 늦은 오후가 되면 집 옆으로 나 있는 공원길을 따라 산책하는 것이 하루의 전부였다.

그러던 어느 날 우리 옆집으로 한 가족이 이사를 왔다. 점심 무렵 사람들이 떠드는 소리에 창 너머로 내려다본 그 집 마당에는 눈이 부실 정도로 하얀 피부를 가진 아름다운 소녀가 서 있었다. 어깨까지 곱게 빗은 긴 머리, 쌍꺼풀진 깊은 눈, 붉은 입술, 늘씬한 몸매의 그녀는 마치 한 마리의 모시나비 같았다. 나는 아침에 눈을 뜨면 창가로 다가가 그 집 마당을 바라보았고 또 어떤 날은 온종일 창가를 서성거리기도 했다. 그러다가 방학이 끝나고 다시 학교기숙사로 되돌아갔지만 그녀 생각을 떨칠 수가 없었던 나는 휴일이 되면 집으로 내려와 그녀 집 앞을 서성거렸다. 그렇게 시간이 흘러 공원 산책길을 따라 붉게 물들이던 단풍잎들이 하나 둘씩 떨어지던 가을 날 해가 동호東湖 강구를 붉게 물들이던 오후, 한산 앞 바다가 바라보이는 공원벤치에 앉아 '젊은 베르테르의 슬픔' 에 심취에 있는 나에게 다가와 나지막이 인사를 건네는 그녀를 본 순간, 내 심장은 얼어붙는 듯 했다. 가까이에서 바라본 그녀의 모습은 더욱 아름다웠다. 그녀와 만난 지 채 한 시간도 되지 않아 날이 어두워졌다. 그녀에게 책을 빌려주고 일주일 후에 다시 만나자는 약속을 하고 돌아온 그날 밤은 잠을 이루지 못했다. 일주일은 더디게 지나갔다. 그녀는 약속장소에 미리 나와 있었다. 우리는 공원 산책길을 따라 걸었다. 그녀는 나보다 세 살이 많았다. 그녀는 홀어머니와 살고 있었다. 그녀는 고등학교를 졸업하고 개인이 운영하는 유통회사에 경리로 근무하고 있었다. 우린 짧은 시간에 많은 이야기를 나눴다. 나는 그녀가 마냥 좋았다. 그녀와 함께 지낼 수만 있다면 세상 끝이라도 갈 수 있다는 생각을 했다. 그녀와 만난 지 삼백일이 되던 날 그녀에게 고백을 했다. 몇 년 만 더 기다려 달라고……, 졸업할 때 까지 기다려달라는 내 말에 그녀는 아무 말 없이 민 하늘만 올려다보고 있었다. 한참 만에 그녀는 집안이 반대하는 결혼은 할 수 없다는 말을 남기고 갔다. 그날이후로 그녀는 나를 점점 피했다. 길에서 우연히 마주쳐도 눈길조차 주지 않았고 동네 아이를 통해 편지를 보내도 묵묵부답이었다. 나는 먼발치에서 그녀를 그저 바라볼 수밖에 없었다.

그 다음해 나의 의지와는 아무상관도 없이 단지 집안에 손이 귀하다는 이유 하나만으로 내가 정략결혼을 하게 되자 그 이듬해 그녀도 노총각인 동네 약국집 아들과 결혼을 했다.

지금 와서 돌이켜 생각하면 젊은 날엔 이성에 이끌려 현실을 직시하지 못하고 혼자 아파하고 그리워했던 지난날들이 바보스럽기도 하지만 순수하기만 했던 그 시절이 그리워지는 것은 못 다한 사랑이 더 애절함으로 다가오기 때문일 것이다.

내가 어릴 적엔 내 어머니가 최초의 이상형 이었다가 성장하면서 영어선생님, 이웃집 여인으로 아름다움만을 쫓아 이상형은 변해갔지만 지금에 와서는 예쁘고 늘씬한 몸매를 가진 여성보다는 나를 진정 사랑하고 이해해 주는 따뜻한 어머니 품 같은 여성이 내 이상형으로 변했다.

〔10.10.09일.〕

하 루

하루가 가고
석양빛 붉게 물드는
바람 부는 강가에
소리 없이 잊혀져간 기억들이
아스라이 떠올랐다
붉게 노을 진
강물위로 흘러가고

그리운 얼굴
생각나면 목소리라도 들을까
못 잊을 날들도
빛바랜 기억 속에
달 빛 젖은
그림자와 함께
꿈결 속에 멀어져 가네

집으로 가는 길

음악이 흐르는 이층 카페에서 빗방울 떨어지는 거리를 바라본다. 빗속을 걸어가는 우산 속 연인들의 다정한 발걸음 뒤로 흑백사진처럼 오래된 옛 기억들이 물밀듯 밀려와 파노라마처럼 펼쳐진다.

억수같이 내리는 빗속을 걸어갔다.

교복주머니 안에는 아침에 어머니가 주신 차비가 고스란히 들어있었다. 거센 바람과 함께 억수같이 쏟아지는 비는 온 길을 황토 시내로 만들어 놓고 있었다. 저만치 육지를 잇는 구름다리가 보였다.

다리 난간에 서자 다리위로 불어오는 거센 비바람은 나를 집어 삼킬 듯이 달려들었다. 몰아치는 비바람은 마치 채찍으로 때리는 듯 얼굴이 아려왔다. 다리 위 난간을 붙잡고 서서 다리 밑을 빠르게 소용돌이치며 흘러가는 물살을 바라보며 난 오랫동안 그 자리에 서 있었다.

중학에 들어가자 초등학교에서는 느껴 보지 못한 것들이 소극적인 나를 더욱 힘들게 했다. 나는 쉬는 시간에도 점심시간에도 친구들과 어울리지 못했다. 늘 책상에 앉아 책만 들여다보았다. 나는 작은 키 탓에 맨 앞쪽 줄에 앉았다.

초등학교 때부터 내 시력은 조금씩 나빠졌다. 중학에 들어가자 두꺼운 뿔테 안경을 썼다. 우리 반 선생님은 국어를 가르치는 분이셨다. 화가 나면 고무로 된 슬리퍼를 벗어 사정없이 때리셨다. 우리는 시험을 보고 난 뒷날에는 교단 앞으로 불려나가 틀린 문제만큼 머리든 얼굴이든 사정없이 슬리퍼로 맞았다. 난 선생님 눈을 마주 볼 수 없을 정도로 선생님이 두렵기만 했다.

2학기 초에 새로운 영어 선생님이 우리 학교로 오셨다.

여자 선생님은 아주 예뻤다. 긴 머리에 하얀 블라우스에 치마를 입은 모습이 무척 어울렸다. 나는 영어 수업을 열심히 들었다. 반에서 중간이던 영어 점수는 순식간에 올랐다. 영어 선생님은 나를 많이 귀여워하셨다. 내가 수업 중에 졸아도 나를 혼내지 않으셨다. 나는 선생님을 무척 좋아했다. 나는 선생님 심부름도 하고 선생님과 단 둘이 빵집에도 가고 선생님 사택에도 놀러가기도 했다. 친구들은 나를 무척 부러워했다. 그렇게 1학년이 지나가고 어느새 2학년이 되었다.

여름 방학을 일주일 앞둔 어느 날 영어선생님이 다른 학교로 전근 가신다는 소문이 교내에 돌았다. 며칠 후 영어선생님 대신 실습 나온 남교생이 우릴 가르쳤다. 수업을 마치고 사택으로 찾아갔지만 선생님은 이미 짐을 챙겨 그곳을 떠나고 없었다.

어느새 날은 어두워져 다리 위 수은등이 하나 둘씩 불을 밝혔다. 천천히 발걸음을 옮겼다. 시내에 들어서자 거리 이곳저곳에서는 세찬 바람에 떨어진 상점의 간판과 부서진 유리파편들이 길 곳곳에 널 부러져 있었다.

강구 안을 따라 늘어선 과일 상점들은 모두 다 문을 닫아걸고 있었다. 길모퉁이를 돌자 탁 트인 바다 위를 거침없이 달려온 바람이 나를 사정없이 떠밀었다. 나는 바람에 꺾여 반쯤 넘어간 벚꽃 나무에 머리를 부딪치며 길바닥에 맥없이 나동그라졌다.

이마에 흐르는 피를 손으로 훔치며 집으로 돌아오자 어머니는 놀란 얼굴로 대문 밖으로 뛰어 나오시며 손을 잡고 조용히 내 방으로 데리고 들어가셨다. 난 일주일 내내 심한 몸살을 앓았다. 몸살을 앓고 난후 여름 방학동안 내내 방안에서 잠만 잤다. 밥도 제대로 먹지 않고 낮이고 밤이고 잠만 자는 나를 보고 어머니는 깊은 한숨만 내쉬셨다. 병원으로 나를 데리고 갔지만 의사는 밥만 잘 먹이라고 했다. 그 해 여름은 나에게 깊은 아픔만을 남겨 놓고 아주 천천히 지나갔다.

우리 집은 강구가 보이는 작은 언덕 위에 있었다.

동네에서 제일 큰 집이었던 우리 집은 이층 목조 건물로 된 지은 지 오래 되지 않은 아주 멋진 집이었다. 내가 초등학교에 들어가기 전까지 우리 육남매와 부모님 고모할머니 아홉 식구가 한 집에 살았다. 넓은 마당과 마당 뒤뜰에 사철 마르지 않는 샘이 있었고, 탱자나무 울타리 사이에 심어 놓은 동백과 들장미도 봄이 오면 붉은 꽃을 흐드러지게 피워 올렸다.

남쪽으로 나 있는 이층 계단 창을 열면 동양의 나폴리라 불리는 미항인 통영항구가 한 눈에 보였고 저 멀리 도천과 미륵 도를 잇는 구름다리가 보였다. 낚시를 즐겨 하시던 아버지는 배가 들어오고 나가는 강구에서 철마다 감성돔, 농어, 도다리를 낚아 올리셨다.

방이 여덟 개나 되는 큰 집은 나에겐 무척이나 두려운 곳이었다. 형제들과 놀다가 제 각기 방으로 들어가고 나면 혼자 남은 무서움에 어머니 곁을 떠날 줄을 모르고 어머니의 옷자락을 붙들고 따라다녔다. 그때는 우리 집에 호랑이 같이 무서운 할머니가 한 분 있었는데 아버지의 유일한 혈육인 고모였다.

우리 형제들은 고모할머니의 불호령에 꼼짝 달싹하지 못했다. 집안에선 큰 소리를 내지도 못하고 발걸음도 조심스럽게 심지어 밥을 먹을 때도 음식 씹는 소리마저도 내지 못했다. 할머니에게는 두 명의 아들이 있었는데 둘 다 서울로 유학 보내 대학을 다녔다.

사천이 고향인 아버지는 천석 군 집안의 장자로 태어나셨다. 조선을 건국한 태조 이성계의 큰 아들인 정종의 직계 후손인, 나보부터 위로 6

대조 할아버지께서 사천에 내려와 터를 잡으면서 소작인을 두어 농사를 지으셨다. 집안 대대로 농사를 지으며 살던 중, 조선 말 나라가 일본에 식민지화 되자 한학자이셨던 할아버지는 일본으로 건너가 독립운동을 하셨다. 할아버지는 집안 대대로 내려온 전답과 산, 과수원, 전 재산을 독립자금으로 쓰셨다. 일본 동경에 거짐을 두고 우리나라와 일본을 오고 가며 독립운동을 하시던 할아버지는 우리나라가 해방이 되는 해 일본에서 돌아가셨다. 할아버지가 돌아가시자 집안의 가장家長이 된 아버지는 한국전쟁 때 막내 삼촌이 전쟁터에서 전사하자 당시 경찰 공무원이던 둘째 동생이 빨치산에게 잡혀가 갖은 고초를 겪고 난 후유증에 시달리면서 고향을 떠나고 싶다는 간곡한 말에 남은 가산을 정리해 통영으로 이사를 오게 되었다. 아버지가 일가친척 하나도 없는 낯선 곳으로 이사를 와서 직업을 갖지 못하자 고모할머니는 가진 돈을 자신에게 주면 이자를 놓아 주겠다고 말하고는 아버지에게서 돈을 가져갔다. 고모할머니가 약속한 날짜에 빌려간 돈을 돌려주지 않자 아버지와 고모할머니 사이에는 늘 큰소리가 오고갔다.

그리고 서울 유학중인 고모할머니의 두 아들들이 집에 다녀가는 날이면 아버지와 할머니는 더욱 더 큰 소리로 말다툼을 했다. 할머니는 자식들 학비를 아버지에게 달라고 했다. 처음에는 할머니의 소유인 집을 준다는 조건으로 아버지에게서 돈을 가지고 갔으나 차츰 액수가 많아지고 약속한 집도 이전을 해 주지 않자 아버지와의 다툼이 끊이지 않았다. 고모할머니는 신상염을 앓았다. 늘 퉁퉁 부은 얼굴로 하루 종일 방에만 누워 있었다. 할머니는 매일 아침 동생과 내가 잠에서 깨어나기를 기다렸다가 우리의 소변을 받아 마셨다. 할머니는 내가 7살이 되자 앙상하게 뼈만 남은 채 돌아가셨다. 할머니가 돌아가시고 난후 얼마가지 않아 은행에서 압류통지서가 날아왔다. 아버지는 백방으로 수소문을 하고 방법을 찾아보았지만 모두 허사였다. 고모할머니는 자신의 집과 우리 집을 아버지 모르게 은행에 저당을 잡히고 한 푼의 이자도 갚지 않고 돌아가셨다.

봄이 되자 우리가 살던 집에서 그리 멀지 않은 곳으로 이사를 했다. 100평이 채 되지 않는 채마밭이 딸린 작은 마당이 딸린 한옥이었다. 우물도 없는 집은 부엌과 방이 세 개뿐인 작은 집이었다.

나는 형, 동생과 셋이 함께 한방에서 잠을 자야했다. 집 울타리가 없는 마당 한 쪽에는 작은 감나무 한 그루와 백년은 더 되어 보이는 우람한 왕 벚꽃 나무가 있었다. 집 마당에서는 항구가 잘 보이지 않았다. 벚꽃 나무 옆으로 나 있는 오솔길을 따라 공원으로 올라가야 항구가 보였다. 나와 동생은 매일같이 우리가 살던 집으로 놀러갔다. 동생과 나는 온종일 탱자나무 울타리 밖에서 놀다가 해질녘이 되어서야 집으로 돌아왔다. 우리가 살았던 집에는 얼마가지 않아 서울 사람이 내려와 살았다. 그리고 몇 년 후 동생과 내가 태어나고 자란 집은 하루아침에 없어지고 말았다. 그 집에 살던 서울사람이 집을 허물고 삼층 건물을 지었다.

내가 태어난 언덕 위의 집은 몇 번째 바뀐 주인이 지은 현대식 5층 건물로 변해 있고 내가 고향을 떠나오기 전까지 살던 집은 관광도시정화사업으로 헐려 집터에는 아름드리 조경 석과 온갖 꽃나무를 심어 공원으로 변해 있다.

우리 육남매가 자란 집이 헐리자 부모님은 고층아파트로 이사를 하셨다. 내가 어릴 적 태어나고 자란 추억이 깃든 옛집은 이제 어디에도 없고 그나마 부모님이 살고 계시는 삭막한 아파트가 고향집이라고 생각하니 마음 한 구석이 쓸쓸해져 온다.

옛 집

붉은 동백나무 담장울타리 너머로
여객선 드나드는 강구가 보이고
뒷마당 우물가 백년도 더 산 왕 벚꽃 나무에
앵두보다 더 굵은 버찌가 알알이 열리면
입술이 시퍼렇도록 꽃물이 들고
한낮 더위에 대청마루에 어머니 무릎을 베고 누워
부채질에 스르르 잠이 들던 모습
이른 아침이면 운무 자욱한 바다 물살 가르며
먼 바다로 달려 나가는 고깃배 소리가
앞마당을 휘휘 돌아 나가던 언덕 위의 집
해마다 까치 부부 아래채 처마로 날아들어 새끼 치고
푸른 넝쿨 뻗어 올라간 기와지붕에는
여인의 하얀 속살 같은 박꽃이 피어나고
높고 푸른 가을 하늘을 흰 갈매기 떼
울며 날아다니던 기억
해질 무렵이면 흰 연기가 모락모락 굴뚝을 빠져나와

詩

고기잡이 나간 배들이 몰고 오는 비린 갯바람을
맨발로 마중 나가던 집
솟을 대문 밖 육십 촉 외등 불빛이
늦은 밤까지 골목길을 서성이면
서울로 유학 간 누이
오랜만에 집으로 내려와
도란도란 밤을 지새우던 옛집

아름다운 날들 · 1

신묘년辛卯年 새해가 밝았다.

지혜와 평화와 사랑을 상징하는 토끼해에는 이 땅의 평화와 우리 모두가 하나 되어 화합하고 사랑하는 세계 일류의 선진 복지 국가가 되기를 소망해본다.

저녁상에 모두 둘러앉은 자리에서 각자의 새해 소망과 서로의 바람을 이야기했다. 집사람은 우리가족 건강하고 화목하기를 소원하였고, 아이는 키가 많이 자랐으면 좋겠다는 것과 좀 더 공부가 잘 되기를 바란다는 소망을 말 했고, 나는 우리 아들 몸 건강하고 공부 잘 해서 부모 기쁘게 해 줄 것과 아이 엄마도 아픈데 없이 지금까지 살아 온 것처럼 가족 모두 행복하게 살 것을 소망했다. 각자의 소망을 기원하는 힘찬 손뼉을 치며 합창하듯 큰 웃음소리를 한참동안 내고나니 마치 소원하는 일들이 모두 이루어진 것처럼 가슴이 벅차올랐다.

이른 새벽에 일어난 집사람은 주방 선반 위에 정화수를 떠 놓고 가족 모두의 안녕과 소원성취를 비는 기도를 시작했다.

미오美娛가 우리 집에 온지 벌써 닉 달이 다 되었다.

지난 해 10월 중순, 빈 화분에 심을 화초를 사러 시장에 갔다가 트럭 짐칸에 실려 있는 아기 고양이들을 구경하다 그중 제일 예쁜 고양이 한 마리를 덥석 안겨주는 아주머니에게 얼떨결에 돈을 치르고 고양이를 집으로 데려왔다. 그날 저녁 2박3일의 졸업 여행을 다녀온 아이는 고양이를 보고 뛸 듯이 기뻐하며 좋아했다. 사흘 밤낮을 울어대던 녀석은 내가 제 어미인양 품만 파고들었다. 그러기를 한 달이 지나자 내 뒤를 졸졸 따라다니며 밥 달라고 소리를 내고 안아달라고 보채고 놀아달라고 내 주위만 맴돌았다.

낮에는 자기 집에서 잠을 자고 밤에는 우리 부부가 자는 방에 들어와 내 옆에서 잠을 자는 녀석은 기다려, 이리와, 집으로 가, 밥 먹자, 간단한 말들을 알아듣고 아침이 되면 방문 앞에 앉아 내가 일어나기만을 기다렸다가 내 뒤를 따라오면서 밥 달라고 울음소리를 낸다. 오전 내내 잠을 자는 나는 녀석이 우리 집에 오고 난 뒤 부터는 마음 편히 늦잠을 자지 못하고 밥 주고 목욕시키고 냄새나는 화장실을 치우면서도 귀찮다는 생각을 하지 않았다.

밖에 외출했다 들어오는 내 발걸음소리를 듣고 현관 앞까지 달려 나와 반갑다고 소리를 내는 우리 집 고양이 미오는 반려동물이 아닌 어엿한 우리 가족의 일원이다.

일 년 내내 감기라곤 걸리지 않던 내가 밖에 나다니는 집사람이 옮겨준 지독한 몸살감기에 사흘을 내리 앓아누워 있다가 겨우 자리에서 일어나 원고 정리를 하는 중에 아들 결혼식 때 신을 신발 사러 간다는 친구 전화를 받고 신발 가게 몇 곳을 힘겹게 따라 다니다가 강을 타고 내려온 지리산 동장군 기세에 오한에 떨다가 술 한 잔 하자는 친구 손을 뿌리치고 황급히 집으로 돌아와 버렸다. 추위를 타지 않는 체질 덕분에 여태까지 내의를 입지 않고 지냈지만 티셔츠 위에 조끼와 점퍼까지 입고 몸을 잔뜩 움츠린 채 서재에서 글을 쓰고 있는 날 보고 아내는 따뜻한 게 제일이라며 스카프를 목에 둘러 준다. 올 겨울은 유난히 춥고 길어 감기란 놈도 더 독해진 것 같다. 감기에 며칠 동안 잃었던 입맛이 무 넣고 끓인 시원한 동태 탕에 입맛이 돌았다.

생일상을 받은 자리에서 아내가 내민 선물포장을 뜯어보니 무지개무늬의 숙면 양말 두 켤레가 들어있었다. 꼭두새벽부터 아내는 시장으로 달려가 내가 좋아하는 해산물을 사와 회를 뜨고 시루에 떡을 찌고 미역국을 끓여 한 상 떡 벌어지게 차려 놓았다. 음력 12월에 든 내 생일보다 자신의 생일이 앞에 들어 가장家長 앞길 막는다며 정작 자신의 생일날에는 미역국을 끓이지 않는 아내, 이십여 년을 나와 함께 살면서도 내가 하는 일, 내가 하려고 하는 일은 반대도 하지 않고 묵묵히 따라와 준 아내가 새삼 고마운 마음에 가슴 한편이 뜨거워져왔다.

아이와 비뇨기과에 갔다.

해마다 겨울 방학 때만 되면 소소한 작은 일들이 생겨나 아이의 수술을 두 번이나 미뤄야만했다. 집사람은 자기 대신 내가 아이와 병원에 가기를 원했다. 의사와 면담을 하고 수술 날짜를 잡고 일주일 후 수술실에 들어간 아이를 기다린 지 30분 만에 아이는 조금 부자유스런 걸음으로 수술실을 나왔다. 아이가 갓난아기일 때 포경수술을 권유하는 의사의 말에 망설이다 갓 태어난 아이에게 큰 고통이 될까봐 아이가 초등학교에 들어가면 하겠노라 했지만 아이가 친구들에게 들은 고통을 무서워하는 바람에 여태까지 미루고 있었다.

내가 초등학교 때 아버지의 손에 이끌려 영문도 모른 채 수술대에 누워 아픔을 참아가며 수술을 받았던 그때와 비교하면 메스를 대지 않고 레이저로 한 수술은 통증도 거의 없고 말아 올린? 부위도 예쁘고 수술 시간도 많이 줄여졌다. 아프지 않느냐 묻는 나에게 참을만하다며 앞서 걸어가는 아이의 뒷모습을 보니 아픈 만큼 더 성숙해진다는 말이 떠올랐다.

새해가 밝은지 어느새 한 달이 훌쩍 지나가고 2월이 되었다. 한 달 넘게 무섭게 몰아치던 강추위가 한풀 꺾였나. 한파에 보름 넘게 꽁꽁 얼어 있었던 옥상물탱크 배관이 녹아 오후부터 물이 나왔다. 세제를 풀어 화장실 청소를 했다. 호수를 연결해 집으로 내려오는 계단과 골목을 깨끗이 씻었다. 물이 튀어 신발과 옷이 다 젖었지만 추운 줄 몰랐다. 한결 깨끗해진 마당을 보니 내 마음까지도 덩달아 맑아졌다. 집사람은 떡국을 끓여 점심상을 차렸다. 떡국을 맛있게 먹던 아이가 떡국을 많이 먹으면 나이를 자꾸 먹는데요. 하는 말에 아내와 난 한참을 웃었다.

이제 설 명절이 이틀 밖에 남지 않았다. 거리엔 귀성길 차들로 붐볐다. 아이와 시내로 나가 옷을 사고 신발도 샀다. 좋아하는 아이의 모습을 보니 어릴 적 어머니가 사 주신 설빔을 입고 기뻐하던 내 모습이 떠올랐다. 각별한 어머니의 사랑을 받고 자란 나는 내 아이에게 부모님에게 받은 사랑을 그대로 물려주기 위해 노력하고 있다. 후일 아이도 자기 자식에게 부모의 모든 정을 나눠주기를 바라면서.

아이가 중학에 간다.

아이가 백일 때 친구들은 한 결 같이 언제 키워서 장가보낼 거냐며 부러움 반 우려 반 섞인 말들을 하고 갔다. 그 아이가 어느새 커서 며칠 있으면 중학에 들어간다. 시간은 내가 느끼지 못한 순간에도 쉼 없이 흘러 어느 듯 십 수 년이 지나가고 마냥 품안에만 있을 것 같은 아이가 어느 사이에 커서 중학에 들어간다고 하니 빠르고 속절없는 세월이 야속하기도 하지만 한편으로 기쁘기도 하다. 시내로 가서 교복을 맞추고 학용품과 책가방을 사고 저녁상에 마주앉아 올 해는 공부를 더욱더 열심히 해서 3년 뒤엔 꼭 외국어 고등학교에 진학하겠다는 아이가 대견스럽기만 했다.

일주일째 계속 되던 봄 같은 날씨가 어제 오후 늦게 비가 내린 뒤부터 찬바람이 불면서 다시 추워졌다. 남쪽 제주노에는 설원 속에 활짝 핀 매화가 붉은 자태를 뽐내고 있었지만 입춘이 지나고 밤사이 비가 내리더니 땅이 얼어붙었다. 긴 연휴가 지난 끝이라 그런지 거리에는 사람들의 왕래가 거의 없다. 사람 물결로 혼잡했던 거리를 이런저런 생각에 빠져 걷다가 어느 옷 가게 앞에 발이 멈췄다. 문을 열고 들어서자 옷 가게 여점원이 물끄러미 쳐다볼 뿐, 말을 건네지도 않고 멀뚱멀뚱 그 자리에 서 있다.

옷걸이에 걸려 있는 옷 사이즈를 묻자 여직원은 그제야 다가와 답을 한다. 옷을 쇼핑백에 담고 값을 치르기 위해 계산대 앞에 서자 입가에 미소를 가득 띤 젊은 여직원 묻지도 않는 말을 한다.

"처음 들어오실 때 잘 못 들어오신 줄 알았어요. 여자 옷 파는 가게라……."

"요즘 남자들도 여성 옷 많이 사 가지 않나요?"

"네, 어쩌다가요."

다시 들러달라는 여직원의 말에 답하고 거리로 나서니 지는 해는 남강을 붉게 물들이고 있었다. 나는 옷을 무척 좋아한다. 시간만 나면 단골로 가는 가게들을 순회하며 철마다 옷을 사들인다. 내 옷 방에는 많은 옷들이 걸려 있다. 사다 놓고 한 번도 입지 않은 옷들이 수두룩하다. 패션에 남다른 관심이 많은 나는 거리의 사람들의 차림새와 가게 진열장에 걸린 옷들에게 늘 시선을 빼앗긴다.

생일 선물로 내민 꽃무늬 블라우스를 입고 아내는 거울 앞에서 떠날 줄 모르고 행복한 미소를 가득 짓고 있다 . 마음에 쏙 들어 하는 아내를 보고 있으니 내 몸에 꼭 어울리는 옷을 입은 것처럼 나도 덩달아 기분이 좋아졌다.

〔11.02.15일.〕

사랑이
아름다워서 사랑하는 것이 아니다
사랑하므로
아름다워지는 것이다

가 족

가족 사이엔
비밀의 자리가 없다
행복의 문을 여닫는 바늘이 있고
염원을 담은 간절한 기도가 있다
간절한 눈망울들이
집안의 어둠을 밝히고
눈부시도록 맑은 가을 하늘처럼
눈에 선한 그리움이 있다
가족이라는 나무에
흰 꽃, 푸른 꽃, 노랑 꽃
색색의 꽃들을 피워
행복이라는 울타리를 만든다
세상의 힘든 세파 속에서도
고통에 담금질한 사랑만이
가족을 지켜냄을 알고 있다
슬픔을 이겨낼 힘을 또한 알고 있다

詩

오순도순 손에 손을 맞잡고
둥글게 추는 춤은
세상을 떠받히는 고리가 된다

통영은 항구다

누구나 세상살이가 힘들 때면 지친 삶의 위안을 찾아 모든 것을 내려놓고 훌쩍 어디론가 떠나고픈 생각을 한 번쯤은 가져보았을 것이다. 바닷가에서 태어나고 자란 나는 늘 바다를 동경하면서 심신이 지칠 때면 가까운 바다를 찾곤 한다. 그리고 언젠가 푸른 파도가 밀려오는 바닷가 언덕에서 나머지 삶을 보내는 것을 희망하며 살아가고 있다.

아름다운 항구를 생각하면 우리들의 머릿속에 제일 먼저 세계의 미항 시드니를 떠올리게 된다. 세계 3대 미항중의 하나로 찬사 받는 호주의 시드니 항은 조개껍질처럼 하얀 빛을 발하며 바다 위에 떠있는 오페라 하우스와 세계에서 2번째로 긴 하버브리지를 배경으로 강렬한 햇빛과 맑은 공기가 여행객의 가슴을 설레게 하는데서 손꼽히게 된 것이 아닌가 한다.

아름다운 미항에 포함되려면 3가지 조건에 들어야 하는데, 첫 번째는 아름다워야 하고, 두 번째는 수심이 깊어서 큰 배가 쉽게 들어올 수 있어야 하며 세 번째는 높은 파도가 치지 않아야 한다. 이 모든 조건을 구비한 항구는 그리 많지 않다. 그러나 이 조건에 비록 들지 못해도 아름다운 항구들은 우리가 알지 못한 세계 곳곳에 있다.

지구의 남반부에 속해 있는 호주의 시드니가 세계 제일의 명소라면 아시아에 속해 있는 우리나라에도 '동양의 나폴리'라 불리는 아름다운 미항이 있다.

그곳은 바로 한반도 남쪽에 있는 경남 통영이다. 통영 항은 비록 큰 규모의 항구는 아니지만 삼백 리 한려수도의 중심지로 점점이 늘어서 있는 다도해의 아름다운 섬들과 해안의 절경에 관광객이 연중 끊이지 않는 곳으로 널리 알려져 있다. 동호동에 있는 남망산 정상에 올라보면 한 눈에 들어오는 한산 앞바다와 다도해에 점점이 늘어서 있는 섬들이 꿈처럼 펼쳐져 있고 욕지도, 매물도, 거제도와 부산을 잇는 뱃길과 오른편으로 도천과 미륵 도를 잇는 구름다리, 그 아래로 남해와 여수를 잇는 뱃길이 이어져 있다.

내가 태어나고 자란 동호 항구는 부산과 마산, 남해, 여수와 작은 섬들을 오고가는 여객선들이 정박하는 항구였다. 그랬던 것이 차츰 미항으로 소문이 나고 찾아오는 관광객들이 많아지자 항구 남쪽의 중앙동, 항남동 두 곳에 있던 여객선터미널을 서호동과 도남동위락단지로 옮겼다. 내가 통영을 떠나올 때만 해도 강구 해안을 따라 늘어서 있는 가건물 때문에 미항이라는 명성이 무색할 정도로 강구 안은 오염되고 아름답지 가 않았다. 그랬던 것이 지금은 가건물들을 모두 철거하고 해안도로를 정비해 주차시설을 늘려 미항의 새 면모를 갖추게 되었다.

통영을 이야기하면 사람들의 입에서 먼저 나오는 말이 '충무김밥' 이다. 충무김밥은 60년대 초 부산을 오고가는 뱃머리 앞에서 뚱보할매가 선원들을 상대로 김밥을 팔면서 시초가 되었다. 먹을거리가 많이 없었던 그 시절, 선원들은 배가 출항하기 전 김밥을 사들고 가서 배안에서 먹었다. 그렇게 선원들을 상대로 김밥장사를 하던 뚱보할매는 배를 타고 떠나는 승객들이 하나둘씩 김밥을 사가자 본격적으로 김밥장사를 했다. 그 때 당시 하루에 한 번, 오전 열시에 부산으로 떠나는 배에 오르기 전 사람들은 긴 항해시간동안 배고픔을 달래기 위해 김밥을 사서 배안에서 먹었고 그렇게 뚱보할매에게 김밥을 사 먹었던 사람들은 그 맛을 잊지 못하고 먼 거리에서 뚱보할매를 찾아오기도 했다. 그렇게 입소문이 나자 주위의 장사꾼들은 너도나도 충무김밥 장사를 했고, 세월이 흐른 후에는 서로 자기가 원조라며 우기며 원조 시비가 일기도 했다.

충무김밥이 전국적으로 선풍적인 인기가 치솟았던 계기는 5공 정권이 들어서고 광주 항쟁이 일어나면서 민심이 혼란해지자 국민의 관심을 딴 곳으로 돌리려고 머리를 짜낸 것이 전국에 소문난 먹을거리와 토산품, 전통 식품 등을 서울 여의도에 모아 장터 마당을 연 '국풍 81' 이었다. 그때 뚱보할매는 5일간의 축제 기간 동안 하루에 두 가마니의 김밥을 팔아 큰돈을 벌었고 전 국민이 다 아는 유명인이 되었다.

뚱보할매가 처음 장사하던 곳은 강구 안 중앙동에 위치한 여객선터미널 안 이었다. 통영 사람들은 그 곳을 '금성호 뱃머리' 라고 불렀는데 여객선 금성호는 통영에서 부산으로 오고가는 일반 여객선이었다. 대중교통이 많이 발달하지 않은 60년대 초에 생긴 이 여객선은 통영에서 부산까지 세 시간 반이 넘게 걸렸지만 사람들은 길이 험한 비포장노로를 4시간여를 타고가야 하는 시외버스 보다 이 배를 주로 이용했다. 그러다가 여수, 남해, 마산 등 근해 섬으로 오고가는 여객선들이 하나 둘씩 생겨나자 뚱보할매는 여객터미널 입구에서 김밥 장사를 시작했다. 보통의 김밥은 여러 가지 재료를 넣어 길게 말은 형태이지만 뚱보할매 김밥은 한 입에 넣을 수 있는 크기에 어섯하게 썬 무김치와 함께 주꾸미무침을 반찬으로 주었다. 선원들은 김밥의 반찬으로 나오는 주꾸미무참과 무김치로 술안주로 삼았다. 그 한 평 남짓 되는 곳에서 가마솥에서 지은 밥을 큰 대야에 담아와 밥이 식지 않게 솜이불을 겹겹이 덮어 놓고 손님이 오면 즉석에서 김밥을 말아 주었다. 그렇게 처음에는 배가 들어오고 나가는 시간에 맞춰 장사를 하다가 차츰 통영을 찾는 관광객들이 많아지자 아침 일찍부터 자정까지 김밥을 팔았다.

동호 항구는 동쪽에 있는 동호동 해안을 따라 중앙동, 항남동, 서호동으로 연결되어 있다. 뚱보할매가 장사를 시작하고 그 뒤를 이어 과일을 파는 가게, 기념품과 생필품을 파는 가게와 선원들을 상대로 하는 선술집들이 줄줄이 해안을 따라 생겨났다. 그렇게 몇 십 년을 이어 가던 뚱보 할매김밥도 전국이 일일 생활권에 드는 철도와 고속도로가 확충되고 사시사철 찾아오는 관광객들의 수가 기하학적으로 늘어남에 따라 시내 중심 교통이 혼잡해지자 관광도시정화사업으로 강구 안을 따라 늘어서 있는 가건물들을 철거하고 금성뱃머리도 서호동으로 옮겨가면서 오랜 전통을 이어오던 뚱보 할매김밥도 장소를 옮겨가게 되었다. 충무김밥의 원조인 뚱보할매는 94년도에 돌아가셨고 작은 아들이 가업을 이어받아 금성뱃머리가 있던 길 안쪽에 '뚱보 할매김밥' 간판을 달고 그 명성을 이어가고 있다.

내가 어릴 적 마땅한 군것질거리가 없던 그 시절 긴 겨울밤에 이른 저녁을 먹고 배가 출출해지는 밤 열시가 되면 큰 형님의 심부름에 종종 김밥을 사러 가기도 했다. 김밥을 사러 가면 한 밤중에도 김밥을 사러 나온 사람들이 길게 줄을 이어 서 있기도 했는데 뚱보할매와 몸집이 큰 두 딸들이 김밥을 마느라 분주했다. 지금은 전국 어느 곳에 가도 '충무김밥' 간판이 눈에 뜨이지만 뚱보 할매가 직접 말아주던 그 김밥 맛을 잊을 수가 없다.

아름다운 통영, 동양의 나폴리라 불리는 전해의 자연이 살아 숨 쉬는 통영은 세계가 인정하는 아름다운 항구다.

호주 시드니가 부럽지 않는.

*청청남해바다를 끼고 있는 통영은 바다의 우유라고 불리는 굴 양식장이 많고 미역 양식장과 우리나라 전체 생산량 80%를 차지하고 있는 멍게 양식장, 각종 바다고기를 키우는 축양장들이 많이 있다. 봄이면 연근해에서 잡히는 멸치가 맛과 품질이 뛰어나고 통발어업으로 잡는 장어와 피조개, 김, 파래, 다시마, 톳 등 각종 해산물들이 풍부하다.

사시사철 청정바다에서 올라오는 각종 수산물들을 싣고 들어오는 통영 항구는 고깃배들로 늘 분주하기만 하다.

통영에는 예부터 임금님에게 진상한 통영갓이 이름나 있고 나전칠기, 수목장이 오랜 전통을 잇고 있다. 먹을거리로는 충무김밥과 팥을 고명으로 넣고 튀겨 꿀을 바른 '꿀빵'이 있고 냄비우동에 짜장 소스를 살짝 끼얹은 '우짜면'이 있다. 그리고 청정한 바다에서 건져 올린 싱싱한 봄 도다리에 쑥을 넣고 끓인 '도다리쑥국'이 맛있기로 이름나 있기도 하다.

통영에 가면 도남동위락단지에서 케이블카를 타고 미륵산 전망대에 올라 한려수도와 통영 항구를 조망할 수 있고 동호동에 위치한 남망산에 오르면 통영국제조각공원이 있고 정상에 오르면 한산대첩이 일어난 한산앞바다와 삼백 리 한려수도를 잇는 뱃길이 꿈처럼 펼쳐져 있다. 그리고 벽화가 그려진 동피랑 언덕길을 따라 올라가면 박경리, 청마 유치환의 생가와 아름다운 동호항의 모습을 한 눈에 바라볼 수 있다.

언 덕

산비탈 깎아 층층이 솟아난 작은 지붕들
담 벽을 따라 벽화가 그려져 있는
구불구불 가파른 언덕길

이 길은
내 어머니가 생선 광주리를 이고
육십 평생 다녔던 길

이곳에서
유치환
김춘수
박경리의 부풀은 꿈들이 뭉게구름처럼 피어올랐던 곳

유치환이 어린 시절
동호 푸른 바다를 바라보며 시인의 꿈을 키웠고
김춘수가 대 문호 니체를 꿈꾸며 사색에 잠겨 걸었던

詩

박경리가 여윈 세월 이겨내며 희망의 끈을 놓지 않았던
그 언덕 길

유치환이
김춘수가
박경리가 그랬던 것처럼
갯냄새 가득 밀려오는
동피랑 언덕에 올라서서
눈부신 빛살이 쏟아지는 동호 강구의
푸른 물결 위에
젊은 날의 푸른 꿈 띄워본다

*동피랑- 통영 동호동에 위치한 산동네. 임진왜란 때 포진지가 있던 곳으로 언덕길을 따라 벽화가 그려져 있어 통영의 명소가 됨.
*동호 강구-미항으로 이름난 통영 동호동에 위치한 항구를 '강구' 라고 부름.

와인은 오래 숙성된 것이
맛과 향이 깊고
좋은 詩는 오랜 시간이 흘러도 사람들에게 읽힌다
나는 땅속에 흐르는 물이고 싶다
천길 만길 이어진 물이
세상 사람들이 시원하게 갈증을 씻는 그런 물이고 싶다

2부

사랑은 받을 때 보다 줄때가 더 행복하다

사랑은 받을 때 보다 줄때가 더 행복하다

일요일, 전날 밤 신부 집에서 함을 지고 온 함진아비들이 동네가 떠나 갈듯 목청을 돋우며 한참을 대문 밖에서 실랑이를 하다 함을 들여놓고는 새벽까지 놀다가는 바람에 뜬눈으로 밤을 지새우다 잠깐 잠이 들었다가 아내가 깨우는 소리에 겨우 일어나 까칠해진 입에 밥술을 뜨는 둥 마는 둥 하고는 집을 나서니 오전 열한시가 가까워지고 있었다.

예년보다 일찍 찾아온 봄은 남쪽으로 흐르는 강을 거슬러 불어오는 미풍에 강변을 따라 하얀 꽃망울을 활짝 터트린 매화는 진한 향기를 내뿜고 있었다. 결혼식장으로 가는 차안에서 본 하늘은 어제보다 더 맑고 푸르렀다.

지금으로부터 이십년 전 가을색이 한창 짙어가던 토요일 오후, 전날 회사일로 서울에 출장을 갔다가 다른 날보나 일찍 퇴근해 집으로 들어오는 골목어귀에서 한 소년과 우연히 마주치게 되었다. 그 소년은 자기 몸보다 큰 점퍼를 입고 땅만 보며 걸어오다가 나하고 부딪칠 번하자 놀란 토끼 눈을 하며 뒤도 돌아보지 않고 냅다 달려갔다.

난 순간의 호기심을 참지 못하고 소년의 뒤를 쫒아갔다. 소년의 집은 우리 동네에서 조금 떨어진 외진 곳에 슬레이트지붕으로 된 울타리도 없는 집에 할아버지와 단 둘이 살고 있었다. 나는 한참동안 집안 동정을 살피다 집으로 돌아와서 밤새 소년 생각을 떨치지 못하다가 다음날 퇴근길에 옷 두어 가지와 생필품을 사 들고 소년의 집으로 찾아갔다. 소년의 할아버지는 지난겨울 뇌출혈로 쓰러져 신체 왼쪽 일부분이 마비되어 거동이 불편했지만 폐지를 수집해 생활하고 있었다. 소년의 할아버지는 일면식도 없는 나를 보고 무척 경계를 하며 대화를 거부했지만 내가 폐지를 정리하는 일을 돕자 조금씩 말문을 열었다. 할아버지는 일 년 전 불의의 교통사고로 유명을 달리한 소년의 부모 이야기를 털어놓았고 어린 손자 이야기를 할 때는 눈시울이 붉어졌다.

그 다음날 나는 쌀과 부식을 사 들고 소년의 집을 다시 방문했다. 그리고 시간이 날 때 마다 소년의 집을 드나들며 지붕의 물새는 곳, 고장 난 수도 등을 고쳐주며 두 사람과 거리를 좁혀 갔다. 대도시에 살다가 갑자기 사고로 부모를 잃고 할아버지와 함께 살게 된 소년은 바뀐 환경에 심한 우울증 증세를 보이고 있었다. 소년을 병원으로 데려가 육 개월 여를 치료를 받게 하자 차츰 증세가 호전되었다. 그렇게 소년의 마음이 안정되자 소년은 내게 먼저 말을 건네기도 하고 장난을 걸어오기도 했다.

시간은 흘러 어느덧 소년은 중학을 졸업하고 공업고등학교에 진학을 했다. 소년이 고등학교 2학년이던 무더위가 한창 기승을 부리던 8월 중순, 소년의 할아버지는 오랜 지병이던 심장병으로 유명을 달리했다. 어린손자 걱정에 차마 눈을 감지 못하는 할아버지에게 소년을 친아들처럼 돌보겠다고 약속을 했다. 소년의 할아버지는 내 손을 꼭 잡고 눈을 감았다.

소년이 고등학교를 졸업할 때는 자동차 정비와 기계 설비 등 국가기술자격증을 다섯 개를 취득했다. 대학진학을 고심하는 소년에게 학비는 걱정 말고 주간대학에 진학할 것을 권유했지만 소년은 한사코 내 말을 뿌리치고 낮에는 정비공장에서 일하고 밤에는 야간대학에 다녔다. 자기 삶을 스스로 개척해 나가는 소년이 대견스러워 한참을 안아주었다.

소년이 대학을 졸업하고 삼년이 되던 해, 그동안 알뜰히 모은 돈으로 작은 카센터를 개업을 했다. 그리고 얼마 지나지 않아 결혼 할 여자 친구를 데리고 와 나란히 절을 하며 그동안 보살펴주신 은혜 꼭 갚겠노라 오래 사시라는 말을 들을 때는 이 세상 누구도 부럽지 않았다.

결혼식장에는 이른 시간에도 많은 하객들이 와 있었다. 영문을 모르는 지인들은 언제 저런 큰아들이 있었냐며 한 결 같은 질문들을 했고 나는 숨겨둔 아들이라며 대답을 피하기만 했다. 무사히 식을 마치고 부부를 신혼여행을 보내고 난후 지인들과 함께 뒤풀이를 하는 도중에 방송 기자인 후배가 그동안의 있었던 일들을 모두 말해버리자 듣지도 보지도 못한 아들이 있었다는 사실을 궁금해 하던 사람들은 대단한 일을 했다며 모두 한마디씩 했다. 난 내 자신이 부끄러워 숨을 곳을 찾기만 했다.

집으로 돌아오는 차안에서 바라본 석양은 다른 날과 달리 무척 아름다웠다. 행복한 마음에 평소에는 잘 하지 않는 고맙다는 말을 집사람에게 연신하자 집사람은 내 손을 꼭 잡고 그윽한 눈길로 나를 바라보기만 했다. 돌아가신 소년의 할아버지가 살아 계셨으면 얼마나 기뻐 하셨을까 생각하니 나도 모르게 두 눈에 눈물이 고였다.

이제 어엿한 가장이 된 아들은 휴일이면 양로원과 요양원을 다니며 봉사활동을 하고 있다. 그리고 비록 넉넉한 살림은 아니지만 형편이 어려운 소년가장 두 아이의 후견인을 자청하여 살뜰히 보살피고 있다. 그동안 자신이 받았던 온정을 다시 되돌려 줄려고 하는 마음이 대견스럽고 고맙기만 하다. 그리고 휴일이면 봉사활동을 나서는 남편을 묵묵히 뒤따르는 며느리를 보고 있으면 어디에서 저런 천사가 우리 집에 왔을까? 생각하면 너무나 갸륵하기만 하다.

얼마 전 아들부부는 도시를 떠나 인근의 농촌마을로 이주해 과수원 농사를 지으며 살고 있다. 힘든 농사일이 자기 체질이라며 검게 그을린 얼굴로 활짝 웃음을 짓는 아들을 보고 있으면 나도 언젠가는 농촌으로 들어가 흙을 만지며 살고 싶은 생각이 든다.

이처럼 사랑을 받아본 사람만이 그 사랑을 나누어 주는 법을 아는 것 같이 따뜻한 온정을 느껴 본 사람은 그 정情을 다시 베풀 줄 알게 된다. 그리고 그 정을 서로 나눌 때 비로소 진정한 행복이 되고 그 행복이 가정을 이 사회를 아름답게 한다. 세상살이가 힘들고 어려운 이웃에게 따뜻한 정을 나누며 함께 살아가는 사회가 되었으면 좋겠다. 〔09.04.19일〕

하 늘

붉은 아침 햇귀를 연
높고 푸른 하늘이
바람자락으로 흐르고 있었다

은혜롭게 쏟아져 내리는 햇살
노스탤지어를 일으켜오는
그리움으로
언제나 맑고 푸른 꿈을 목이 타도록
마시게 하는 하늘이었다

마음이 슬플 때나
외로울 때에도
높은 하늘을 올려다보며
푸르고 푸른 꿈을 피워 올렸다

부푼 꿈

빛나는 눈
열망 가득한 마음으로
스스로 내 눈망울에 스며들어와
높아져 가는 하늘에도
속 깊은 생으로 맑아짐을 염원으로 있었다

아침 이슬 먹은 꽃망울처럼
파랗게 목을 축이게 하는 하늘은
어머니의 품안처럼 자라게 하는
희망의 문

그 문을 열고
푸른 하늘 올려다보며 입맞춤한다

내 친구

"친구야! 오데고? 술 한 잔 하자."

내 주위의 많은 친구들 중에 유일하게 서로 속마음을 터놓고 지내는 친구는 재욱이라는 친구뿐이다. 친구와 나는 사흘이 멀다 하고 서로의 안부를 묻지 않으면 안달이 나는 그리운 존재이기도하다. 친구는 항상 회사일로 바쁘고 나또한 하는 일 없이 바쁘다 보니 서로 자주 만나지 못하지만 오랜 시간 형제처럼 가깝게 지내다보니 이젠 서로의 눈빛만 보아도 무슨 생각을 하는지 무슨 말을 하려는지 알 수가 있다.

친구와 난 종종 주위의 사람들로부터 마치 다정한 연인 사이 같다는 말을 듣기도 하는데 서로 잘 어울리지 못할 것 같은 판이하게 다른 성격을 가진 우리가 너무나 다정한 모습을 보고 의아한 눈빛과 질문을 받기도 한다.

친구는 나 보다 조금 작은 키에 탄탄한 어깨, 사이클 선수 못지않은 굵은 허벅지, 시원하게 벗겨진 이마, 눈웃음이 매력적이며 성격도 활달해서 어느 장소를 가리지 않고 분위기를 잘 맞추는, 분위기 메이커로 인기가 높다.

꾹 눌러쓴 모자
환한 밝은 표정
눈웃음이 매력 넘치는 내 친구

사람들은
다정한 우릴 보고
연인 같다는 말을 하기도 하고
내 얼굴 한 번 쳐다보고
친구 얼굴 한 번 들여다보고

친구 맞소?
누가 형이오?

물으면
친구는 모자 훌렁 벗어젖히고
훤한 이마 내 보이며
자기가 형이라고 하고
나는 반백이 된 긴 머리를 쓸어내리며
내가 형이라고 한다

속마음 터놓고 지낸지
어느새 강산이 변하고
또 변하고 있지만
여느 불알친구 부럽지 않아
이제 서로의 눈빛만 보면
무슨 말을 할지
무슨 생각을 하고 있는지
다 알 수가 있어
서로의 위안이 되고
서로의 기쁨이 되는
우리는 친구
-〔친구〕전문

친구는 늘 밝고 쾌활하다. 미소가 떠나지 않는 친구의 얼굴을 마주할 때면 근심에 주름졌던 내 마음도 어느새 활짝 펴지고 만다. 늘 모자를 쓰고 다니는 친구는 이제 이마가 제법 많이 벗겨져 머리 밑이 훤하다. 모자를 벗으면 나이가 몇 년은 더 들어 보이는 친구는 밤이고 낮이고 모자를 쓰고 다닌다. 우릴 처음 대면하는 사람들은 친구 얼굴과 내 얼굴을 번갈아 보면서 친구 맞느냐. 누가 형이냐며 종종 질문을 하기도 한다. 그때마다 우린 서로가 형이라고 우기며 나는 반백이 된 머리카락을 가리키며 내가 형이라고 하고 친구는 쓰고 있던 모자를 벗고 "이래도 내가 형으로 보이지 않으냐" 훤한 이마를 쓸어내려 보인다. 평소 말이 없는 내성 격을 가진 나와 붙임성이 좋은 친구와 나는 판이하게 다른 용모와 성격을 지녔지만 함께 어울리면 서로의 취향을 존중하고 이야기를 들어주려고 노력을 한다. 한 때 서로간의 사소한 오해로 사이가 잠깐 멀어지기도 했지만 그 오해가 풀리고 난 다음에 우린 전보다 더 가까워졌다.

오랫동안 혼자였던 친구는 이제 사랑하는 여인을 만나 함께 한 집에서 살고 있다. 주위에 자신을 좋아하는 많은 여자들이 있었지만 친구는 오랜 시간 독신으로 지냈다. 한 여자에게서 구속되지 않고 자유롭게 사는 것이 좋다는 말을 늘 입버릇처럼 말하던 친구는 지금의 여인을 만나 아무도 모르게 살림을 시작했다. 가장 친한 나에게도 아무런 내색을 하지 않은 친구의 생활을 까맣게 모르고 있다가 한 달여 만에 친구의 집에 방문하고서야 살림살이가 말끔해진 것을 보고 동거사실을 알 수 있었다.

"행복합니까?"

"네, 행복해요. 많이."

"친구가 잘 해 주나요?"

"네, 잘 해 줘요. 분에 넘치도록."

"좋겠어요. 젊은 시절에 연애하는 기분으로 사는 두 사람을 보니 제가 부럽네요."

"남편이 아침에 출근하고 온종일 기다리는 시간은 길게 느껴지지만 저녁에 퇴근해 돌아오는 시간이 되면 나도 모르게 가슴이 설레 인답니다."

친구가 연애 할 때 우리 세 사람은 가끔 만나 술도 마시고 가까운 곳으로 여행도 다녔지만 두 사람이 한 집에 산다는 것을 까맣게 몰랐던 나는 두 사람이 행복하기만을 기도했다. 그녀의 행복한 얼굴을 바라보며 적지 않은 나이에 만나서 또 하나의 행복을 꾸려가는 친구가 마냥 부러웠다.

친구는 얼마 전부터 택시운전을 하고 있다. 오랫동안 몸담아 왔던 회사가 다른 지역으로 이전을 하자 차마 정든 고향을 떠날 수가 없어 회사를 퇴직하고 3개월여를 쉰, 끝에 영업용 택시운전대를 잡았다. 오직 외길만 걸어온 엔지니어이던 친구는 여러 곳에서 스카우트 제의가 들어왔지만 적성에 맞지 않은 일을 할 수가 없어 가족과 새 직장을 구할 때까지 당분간만이라는 전제 조건하에서 택시운전을 하고 있다. 하루 종일 좁은 차안에서 익숙지 않은 일에 몸이 고달프고 온 신경은 운전대에 쏠려 피곤하지만 사랑하는 사람을 생각하면 절로 힘이 나고 마음만은 이 세상 어느 누구보다도 편하다고 말하는 친구의 비장함과 책임감은 어느 젊은이 보다 높아 보였다.

사랑하는 내 친구 재욱아

기나긴 추운 겨울이 지나가고
다시 돌아온 봄은 산과 들에 산수유 개나리가 흐드러지게 피어나
우리를 부르고 있구나.
지난날 낯설고 아는 이 하나 없는 이곳에서

외롭고 쓸쓸한 나에게 따뜻한 눈길로 다가와 내 손 꼭 잡아주던
그날이 어제만 같은데
유수流水와 같은 세월은 너와 내가 모르는 사이에
강산이 바뀌고 우리를 지천명知天命의 자리에 올려놓았구나.
혹독한 겨울을 보내야 비로소 피어나는 저 꽃들처럼
우리의 인생도 피었다 지고 다시 피어나는 꽃과 같이
고달프고 험한 인생 길 이지만 힘들었던 날들은 이제 모두 다 지나가고
내일은 찬란하게 떠오르는 저 태양처럼 멋진 인생만이 우리를 기다리고 있단다.

사랑하는 친구야
언제나 변함없는 너를 보면
사철 푸른 남강南江의 대나무가 떠오르고
기쁜 날에도
마음 울적한 날에도
늘 미소 잃지 않는 너를 바라보면
고독한 나의 마음도 이내 즐거워진단다.

친구야,
이 험한 세상에서 너를 만나
얼마나 큰 기쁨인지
내게 얼마나 큰 행복인지
나는 미처 깨닫지 못하다가 인제야 알 것만 같구나.
내가 외로울 때나

쓸쓸할 때에도
언제나 나의 형처럼
나를 위로해 주는
고마운 친구
나는 너를 사랑한단다.

다정한 내 친구 재욱아
지난번 오랜만에 만난 자리에서 내 손 꼭 잡으며
우리 영원히 변치 말자는 너의 말이
모두 다 잠들은 고요한 이 밤, 내 귓가에 쟁쟁하구나.

이 세상에 둘도 없는 내 친구 재욱아
우리 슬플 때나 기쁠 때나
인생의 멋진 동반자 되어
이 세상 끝까지 아름다운 동행同行이 되자.

-〔내 친구 재욱이에게〕전문

고향에서 벌인 사업이 망하고 도망치듯 고향을 떠나와 아는 이 하나 없는 낯선 이곳에 와서 외로움에 지쳐 있는 나에게 친구는 먼저 다가와 따뜻한 손을 내밀었다. 내성 격에다 사람 사귀기를 좋아하지 않는 나는 친구의 호의를 받아들이지 못하고 적지 않은 시간이 흐르고 난 후 진실한 친구의 마음을 보고 비로소 닫혀 있던 마음의 문을 열 수 있었다.

친구와 함께 한 많은 시간이 흐른 지금 남강南江의 푸른 대나무처럼 친구는 언제나 변함이 없다. 안 보면 궁금하고 만나면 반갑고 핏줄보다 더 끈끈한 정情이 흐르는 친구는 이 세상 누구와도 바꿀 수없는 소중한 내 벗이다.

〔09.06.모던포엠〕

*다시 자기 직업을 찾은 친구는 자동차 부품을 생산하는 개인회사에 취업하여 책임자로 일하고 있다.

인생의 빛깔

순수의 색은 흰색이다
엷은 흠집에도 또렷이 나타낸다

희망과 성공의 색은 푸른색이다
푸른 하늘을 보면서 비상 하는 꿈을 꾼다

행복의 색은 분홍색이다
행복에 취하면 모든 것이 아름답게 보인다

쾌락은 노란색이다
금방 바래진다

슬픔은 보라색이다
상대방도 금방 젖어 든다

사랑의 색온 붉은 색이다

화려 하지만 쉽게 멍이 든다

우정의 색은 초록색이다
언제나 푸름을 간직한다

아름다운 날들 · 2

긴 장마가 끝나자 불볕더위가 기승을 부린다. 휴가철이라 모두들 산으로 바다로 피서를 떠난 때문인지 평일에도 번잡했던 도시의 거리가 한산하다. 휴가 받으면 함께 바다낚시를 가자던 친구는 처가 식구들과 지리산으로 피서를 간다고 하고, 돌아오는 일요일 산행에는 늘 단짝이던 친구와 함께 못 한다는 생각에 왠지 쓸쓸한 생각만 가득 차올랐다.

컴퓨터 앞에 앉아 원고를 정리하다 창을 여니 뜨거운 바람이 창으로 왈칵 쏟아져 들어온다. 얼마 전 옆 건물 사무실에서 설치한 에어컨 실외기 에서 뿜어내는 더운 바람이 웅~하는 시끄러운 소음과 함께 온 방안을 점령한다. 우리 집은 한 여름에도 에어컨을 틀지 않아도 거실과 서재 창문만 열어 두면 강을 따라 불어오는 시원한 바람에 실내 온도가 26도를 넘지 않는데 올 해는 무더운 여름을 보낼 것 같아 불편한 마음에 엎

건물 사무실에 전화를 걸어 볼멘소리를 하고 말았다.

이년 전, 동물에게서 발생한 독감이 아시아 대륙을 공포에 떨게 하더니 올 봄부터 북미 대륙에서 발생한 신종 독감이 전 세계 사람들을 공포에 떨게 하고 있다. 영국에선 하룻밤사이에 10만 명의 감염자가 발병하고 북미로 여행을 다녀온 사람들에게 감염된 사람들이 계속 늘어나고 백신이 아직 개발되지 않은 상태라 연일 사망자가 속출하고 있다. 노령자나 어린아이들이 사망률이 높다는 뉴스 보도에 아이에게 손발을 깨끗이 하라고 당부를 했지만 마음이 놓이지 않는다.

아이가 방학을 하면 야구장에도 가고 청계천 구경도 하고 해운대 해수욕장에 가서 수영도 하고 자갈치에 가서 먹장어 구이도 먹고 오려고 했는데 아이에게 가지 못하는 이유를 이야기 했지만 영 마음이 편치가 않았다. 이 모두가 우리가 먹고 쓰고 함부로 버린 벌이라고 생각하니 모두가 내 탓이라는 생각이 들었다.

장날이라 빈 화분에 심을 나무를 사러 꽃 시장에 갔다. 평소 마음먹었던 나무를 사기 위해 이곳저곳을 기웃거리며 찾았지만 내가 찾는 꽃나무는 보이지 않았다. 한참을 시장을 돌아다니다 길모퉁이의 작은 꽃집에 눈에 익은 나무가 보였다. 반가운 마음에 꽃집 아가씨에게 값도 물어보지 않고 싸 달라고 했다.

"물은 이 주일에 한 번 주세요. 부지런한 사람이 나무를 잘 죽인답니다."

꽃집 주인이 검은 비닐봉지에 담아준 고무나무를 들고 집으로 와 빈 화분에 마사 토와 부엽토를 섞어 나무를 심으니 넓은 잎을 가진 고무나무가 도자기화분과 잘 어울렸다. 지난번처럼 물을 많이 주어 나무를 죽일까봐 내가 물 당번을 자처했다. 사람도 식물도 너무 지나친 사랑을 쏟으면 험한 세상 이겨내지 못하는 것 같다.

2년을 곱게 기른 긴 머리를 짧게 자른 아이는 시원하다며 좋아한다. 비단결 같은 머릿결을 가진 아이는 긴 머리 때문에 학교에서나 이웃에서도 모르는 사람이 없게 되었다. 길게 기른 머리를 묶고 많은 사람 모인 곳에 가면 모두 처음에는 여자애인줄 알았다가 나중 남자아이인 것을 알고 다들 한 마디씩 했다. 미용실 의자에 앉자마자 뒷목이 보이게 머리를 짧게 잘라 달라는 아이의 말에,

"짧게 자르려고? 아깝지 않겠니?"

다시 한 번 아이의 단호한 말에 잠깐 망설이던 미용사는 싹 뚝 싹 뚝 머리를 잘랐다. 잘려 나간 머리카락이 바닥에 떨어져 내릴 때 마다 아쉬운 내 마음도 바닥에 떨어지는 것 같았다.

이십대 때 나도 머리를 길게 기른 적이 있었다. 약간의 곱슬 끼가 있는 내 머리는 빗으로 빗어 놓으면 바람에도 잘 흐트러지지 않아 멋이 있었다. 한창 멋을 부리던 그 때 옷은 늘 양복점에서 맞춰 입었고 머리도 미용실에서 손질을 받았다. 아가씨들을 뒤 뒤꽁무니에 줄줄이 달고

다녔던 그때의 나의 도도함은 하늘을 찌르고도 남았었다.

지난해 12월, 모 문학상 시상식에 갔을 때 시인 한 분의 길게 기른 머리를 보고 나도 8개월째 머리를 기르고 있다. 이제 제법 자란 머리는 꽁지머리를 할 정도로 자라있다. 하루에도 수십 번도 넘게 거울 앞에 서서 아직 덜 자란 머리를 보며 시간이 더딘 것을 아쉬워 해 보지만 이십대에 머리카락이 자라는 속도에 비하면 50대에는 배 이상 시간이 걸린다고 하니 옛날처럼 어깨까지 늘어뜨릴 정도로 머리가 자라려면 내년까지 인내를 해야 할 것 같다.

"팍팍 묵어라, 우째 그리 깨작거리노?"

내가 밥숟가락을 놓을 때 까지 아이는 밥을 반도 채 먹지 않고 있었다.

"밥은 천천히 먹는 것이 좋대요."

아이의 말이 틀린 것이 아니지만 동작이 느린 아이를 보면 나도 모르게 "빨리빨리"를 외치게 된다. 좋아하는 과자를 먹을 때나 공차기나 친구들과 놀이를 할 때는 동작이 민첩한 아이는 밥을 먹을 때나 옷을 입을 때, 밖에 나가려고 할 때는 마치 느림보 거북이 같다. 모든 일이 철저하고 완벽해야만 되는 내 성격과 다른 아이는 물건 하나 제 자리에 정돈을 하지 않는다. 나와 성격이 정 반대인 아이를 보고,

"넌 다리 밑에서 주워온 놈이 분명 해."

하고 말하면,

"난 아빠와 엄마를 반반 닮았어요."

라고 말하며 활짝 웃음을 보인다.

제주도로 2박3일 합창단 캠프를 떠나는 아이의 가방을 챙기며 아이에게 주의와 당부를 다시 되짚으며 말을 하지만 아이는 몇 번째 듣는 말이라 시큰둥하다. 신종 독감이 우리나라에도 전국에 퍼져 사망자가 나오고 제주도에도 감염자가 발생했다는 뉴스 보도에 아이를 합창단 캠프에 보내지 않으려고 선생님에게 전화를 했더니 우리 아이만 가지 않으면 안 된다는 말에 아침 일찍 아이를 떠나보내고 나니 걱정이 밀려온다. 마음의 근심을 떨쳐내려고 오디오 볼륨을 높여보지만 마음 한 구석에는 먹구름이 가득하다 어릴 적 나를 수학여행 보내 놓고 노심초사 하신 어머니 마음이 그러했으리라.

오전에 눈을 뜨니 집안이 참으로 고요하다. 사람 든 것은 몰라도 사람 난 것은 안다던 옛 말이 그른 말이 아닌 것 같다. 어제 밤 잘 도착했다는 말을 하고 전화를 끊은 아이의 전화는 꺼져있다. 손과 발은 깨끗하게 씻는지 사람 많은 곳에서 마스크는 쓰고 다니는지 마음이 초초하다. 아내가 전화를 연신 전화를 만지작거리며 거실을 왔다 갔다 한다. 말은 하지 않아도 속은 이미 까맣게 타고 있으리라.

낮에는 제주 시내 관광을 하고 밤에는 저녁밥을 먹고 늦도록 합창 연습을 한 아이의 목소리가 많이 쉬어있다. 아이가 도착하는 곳까지 마중을 나가 아이와 함께 집으로 돌아오니 아내는 집 앞에서 우릴 기다리고 있었다. 아이를 꼭 껴안은 아내의 눈가에 잠시 이슬이 맺힌다. 아이는 나와 엄마가 준 용돈으로 선물을 사 가지고 왔다. 말 문양이 새겨진 휴대전화 고리가 예뻤다. 알레르기가 있어서 메탈 목걸이는 하지 못하는 아내는 아이가 사 온 목걸이를 하고 얼굴 가득 웃음을 짓는다. 늦게 한 사랑과 늦게 본 자식이 더 애틋한 것은 예전에 미처 느껴 보지 못한 것들의 아쉬움이 크기 때문인 것 같다. 별 탈 없이 돌아온 아이가 한층 더 의젓해진 것 같았다.

아이가 학교에 가지 않는 토요일, 늦은 점심을 먹고 아이와 함께 하루 전 예약해 둔 한의원으로 갔다. 한 분의 의사가 진료를 하는 한의원이라 예약한 시간을 한 시간을 넘겨 의사와 상담을 할 수 있었다. 예약 시간 삼십분 전에 도착을 해서 진료를 기다리는 시간은 길기만 했다. 무료한 시간이 길어지자 아이는 내가 그만 가자는 말이 떨어지기를 기다리는 눈치가 역력했다. 두 번이나 조금만 더 기다려 달라는 간호사의 말이 있었지만 그냥 일어서 올까 하는 마음을 억누르고 아이와 신문을 펼쳐 읽고 책도 읽으며 인내를 기르고 있었다.

한참 후 진료실로 들어서자 몸집이 작고 살집이 적당이 있는 한의사가 정겨운 목소리로 인사를 한다. 아이의 식습관에 관한 질문, 몸에 이로운 음식, 먹지 말아야 할 것들을 상세하게 설명을 하면서 간간이 우스갯소리를 해서 아이와 나를 웃게 했다. 아이 성장발달에 도움을 주는 한약을 먹이는 것이 좋겠다는 의사의 처방을 받고 한의원을 나설 때는 긴 시간을 기다린 것을 잘 했다는 생각이 들었다. 아이도 그런 내 마음을 읽었는지 나를 보며 얼굴 가득 웃음을 지어 보였다. 〔09.09.10일〕

전시장 가는 길

밤새 창가를 서성이다
밝아오는 효명을 안고 잠이 들었다

아이가 흔들어
깨우는 소리에 겨우 일어나
차려온 밥상에
몽롱한 머리는 자꾸만 앞으로 쳐 진다
아이의 손을 잡고
전시장으로 가는 길
길가에 떨어진 낙엽 들은
차가 지나칠 때마다
이리 저리 흩날려 흩어진다
토요일 오후의 전시장에는
사람들의 흔적은 어디에도
찾아 볼 수가 없고
그림 속에 갇혀있는 꽃들은

나를 보며
소리 없는 아우성을 치고
힘들어 하는 나를
의자에 앉혀 놓은 아이는
전시장을 두 바퀴 째 돌고 있다

인연의 끈

-情으로 맺은 인연

큰 키에 마른 체구의 앞 못 보는 남자가 연신 흰 지팡이를 땅을 툭툭 치며 가던 길을 멈추고 큰 소리로,

"어? 이 복잡한 장날, 길에다 누가 큰 보따리를 내 놓았지? 어허, 그 보따리 참 크기도 하다."

나물을 사기 위해 길 옆에 쭈그려 앉은 채 상인과 흥정을 하던 중년 여인 당황한 목소리로,

"이 아저씨가 왜? 자꾸 남의 엉덩이를 쳐요?"

앞 못 보는 맹인 남자 만면에 웃음을 띠며,

"어? 보따리가 아니었네. 그래, 어쩐지 물컹물컹 한 것이 긴가민가했네. 거참, 크기도 하지."

"이 아저씨 참 웃기는 사람이네."

중년 여인 차마 화를 내지 못하고 손에 들었던 나물 봉지를 던지 듯 내려놓고 종종 걸음으로 가 버리자 이 광경을 보고 있던 주위 사람들 모두 참았던 웃음을 터트린다.

훤하게 벗겨진 이마, 큰 키에 약간 구부정한 어깨, 짙은 색안경을 낀 호남형인 중년의 이 남자는 비록 앞은 보지 못하지만 낙천적인 성격의 소유자로 재치 넘치는 말과 걸쭉한 입담으로 늘 주위의 사람들의 웃음을 자아낸다.

내가 앞을 못 보는 두 분을 만난 것은 이십년 전, 당시 지방 공무원이던 아내의 새 발령지인 사천四川에 살 때였다. 당시 우리 집은 큰길에서 약50m쯤 들어간 골목 맨 안쪽에 있었고, 대문을 열고 들어서면 넓은 마당과 ㄷ자 형태로 안채와 아래채, 행랑채로 나눠진 슬레이트 지붕으로 된 주택이었다.

신혼이었던 우리 부부는 서로 떨어져 있을 수가 없어 아내의 새 부임지를 따라 정든 고향을 떠나 이사를 오게 되었다. 몇 날 며칠을 읍내를 돌아다닌 끝에 지은 지 삼십 년이 채 못 된 낡은 주택을 아파트 중형 가격에 사서 부랴부랴 이사를 했다. 우린 이사를 하자마자 비가 새는 지붕과 보일러와 수도를 고치고 도배를 해서 아래채와 행랑채를 세를 놓았다.

세를 놓자마자 대문 오른쪽 방들은 하루 이틀 사이에 부리 나게 세가 나갔다. 하지만 작은 부엌이 딸린 열 평 남 짓 되는 아래채는 세를 놓은

지 한 달이 다 되어 가도록 방을 보러 오는 사람마다 고개를 내저으며 그냥 돌아가기가 일쑤였다.

그날은 가까운 진주에 나가 볼일을 보고 해가 뉘엿뉘엿 해져 집으로 돌아왔다. 내가 대문을 들어서자 집사람은 안절부절 못하며 내 눈치만 살피다가 아래채에 세 들어온 부부가 앞을 못 보는 사람인 것을 알고 불 같이 화火를 내자 아내는 바깥에 다 들린다며 날 밝으면 이야기를 하자고 내 입을 막기에 급급했다. 낮에 젊은 남자의 손을 잡고 방을 구하러 온 앞 못 보는 부부가 대문을 두드리자 덜컥 겁이 난 집사람은 한참을 세를 놓지 않겠다고 버티다 남자의 간곡한 말에 어쩌지를 못 하고 있다가 방 계약금이라며 십 만원을 억지로 쥐어 주고 간 맹인부부는 2시간도 채 지나지 않아서 이불보따리를 등에 지고 살림살이 몇 가지를 조카 손에 들려서 방에 들여놓고는 그대로 눌러 앉아 있었다.

날이 밝자 아래채에 세든 남자는 이른 아침부터 마당을 왔다 갔다 하며 안절부절 하지 못하고 있었다. 잠을 깨우는 아내의 성화에 못 이겨 아래채로 건너가자 남자는 먼저 손을 내밀며 밖에 다 들릴 정도의 큰소리로 나에게 인사를 건넸다. 내가 자리에 앉자마자 남자의 아내가 커피를 끓여 왔다. 열린 문 사이로 본 부엌과 방안은 깨끗하게 잘 정돈되어 있었다.

남자는 오십을 막 넘긴 나이에 170cm가 넘는 호리호리한 체격에 이마가 벗겨진 호남형의 얼굴에 목소리가 굵고 활달한 성격이었고 청년시절에 외항선을 타다 불의의 사고로 실명을 하게 되면서 7년을 함께 산,

부인과 이혼을 하고 이십년을 혼자 살았다고 했다. 남자의 아내는 앞을 못 본채로 태어나 가족들의 무관심과 냉대로 집안에만 방치 되다시피 지내다 이웃의 소개로 지금의 남편을 만나 한 달 전 결혼을 하고 시동생 집에 얹혀 살다가 시동생 부부와의 불화로 쫓겨나다시피 집을 나오게 되었다고 했다. 부인은 150cm가 채 넘지 않은 작은 키에 조용한 성격의 말투에 인자하게 생긴 얼굴은 부처의 상과 많이 닮아 있었다.

"불쌍한 사람들 그냥 살라고 둡시다."

나는 간밤에 아내가 했던 말을 떠올리며 차마 방을 비워달라는 말을 꺼내지도 못하고 자리에서 일어났다. 대문 옆에 있는 화장실 가는 일, 골목 문 밖 출입하는 일, 가스 불 다루는 일들을 걱정하고 있었지만 부부는 얼마가지 않아 집안 모든 구조에 익숙해져 갔다. 간혹 손님들이 다녀가면 부인은 방을 쓸고 닦았다. 살림살이는 정상적인 사람들의 것보다 더 윤이 나고 반짝거렸다. 부엌에선 늘 물 흐르는 소리가 났다. 점점 날이 더해갈수록 걱정을 하던 모든 일들은 차츰 내 머릿속에서 지워져 갔다.

부부는 금술이 아주 좋았다. 우리와 함께 사는 동안 단 한 번도 다투는 소리를 듣지 못했다. 남편은 목소리가 굵고 급한 성격의 소유자였지만 아내에게는 자상하고 다정한 남편이었다. 아내를 배려하는 마음은 언제나 한결 같았다. 밖에 나갔다가 돌아오는 손에는 언제나 먹을거리를 담은 봉지가 들려있었다.

성격차이로 늘 다툼이 그치지 않았던 우리 부부는 두 사람 앞에선 고개를 들지 못했다. 두 사람이 함께 외출하는 날에는 다정히 아내의 손을 잡고 흰 지팡이를 두드리며 가는 모습은 측은한 마음보다는 내 눈엔 아름답게만 보였다. 부부를 보면서 늘 아내의 내조만 욕심껏 바라기만 했던 옹색한 마음을 열고, 나도 아내를 위해 단 한 가지라도 배려해 보리라는 마음을 갖게 되었다.

한 집에 산지 두 달이 채 못 되어서 맹인부부와 우리는 허물없는 사이가 되어 있었다. 매일 밤이면 부부의 방에서 새어나오는 도란도란 다정한 이야기 소리에 귀 기울이다 나도 모르게 부부의 방문을 두드리게 되었고, 그때부터 밤마다 우리 부부는 아래채로 건너가 밤이 깊어가는 것도 모르고 이야기꽃을 피웠다. 그리고 주말이면 부부의 손을 잡고 가까운 공원에 산책을 가기도 하고 시장에 장을 보러 가기도 하고 햇살이 좋은 날엔 교외로 소풍을 가기도 했다.

사람들은 앞을 못 보는 부부와 함께 다니는 나를 보고 의아한 눈초리를 보내기도 하고 무슨 관계냐고 꼬치꼬치 캐묻기도 했다. 난 그럴 때마다 우리 부모라고 대답했다. 부부의 남편은 나보다 열여섯 살이 많았고 아주머니는 남편보다 한 살이 많았다. 점차 시간이 흐르자 읍내에서는 우리 사이를 모르는 사람들이 없었다.

우리가 한 집에 산지 이 년의 시간이 훌쩍 지나갔다. 여름의 초입에 들어서던 6월의 초순 주말 저녁, 회사에서 돌아와 몸을 씻고 저녁상을 받으려고 할 때, 아주머니가 마당에서 조용히 나를 불렀다. 나는 밥상을 뒤로 물리고 아래채로 건너갔다. 자리에 앉자마자 아주머니는 동사무소에 신청한 임대 아파트 입주권이 나왔다며 조심스럽게 말을 꺼냈다. 나는 기쁜 마음에 두 분께 잘 되었다며 축하를 드렸다. 두 분이 새집으로 이사를 간다는 기쁨도 잠시 낯선 환경에 아는 이웃 한 사람도 없는 곳에 두 분만 덩그러니 떨어져 살아야 한다는 마음에 우리 부부는 우리와 함께 살자고 했다. 며칠을 고심한 두 분은 한 집에 살면 우릴 고생 시킨다며 임대아파트로 가길 원했다. 우리 부부는 두 분의 고집을 꺾을 수가 없었다. 아파트로 이사하는 날에는 이른 아침부터 비가 내렸다. 비를 맞으며 이사 짐을 차에 실었다. 차가 출발하기 전 아주머니는 내 손을 잡고 한참을 소리 없이 울었다.

새로 지은 아파트는 깨끗하고 좋았다. 방 두 개에 부엌과 작은 거실이 있는 17평의 작은 규모였지만 두 분은 무척 마음에 들어 했다. 아파트는 장애인을 위해 여러 곳에 애를 쓴 흔적이 보였다. 이삿짐을 다 나르고 밤이 늦도록 우리 부부는 아는 이 하나 없는 낯선 곳에 두 분을 남겨 놓고 차마 발걸음이 떨어지지 않았다.

우리 부부는 두 분이 생각 날 때마다 차로 한 시간 거리에 있는 아파트에 갔다. 간혹, 먼 친척이 다녀가기도 했지만 모든 것이 낯 설은 두 분은 하루 종일 방안에만 계셨다. 우리는 그곳으로 간 날에는 늘 밤이 깊어서야 집으로 돌아왔다.

내가 앞을 못 보는 두 분을 만나기 전만해도 내가 가진 장애인에 대한 편견은 높기만 해서 길을 가다가도 장애를 가진 사람이 다가오면 갔던 길을 되돌아오거나 멀찌감치 피해 오기가 일쑤였다. 두 분과 함께 이

년여를 한집에서 동거를 하면서 장애라는 것이 결코 혐오스러운 것이 아니라 단지 신체의 일부분이 불편할 뿐, 그들은 우리가 생각하는 것과 달리 맑고 순수한 영혼과 따뜻한 가슴을 지녔다는 것을 알게 되었다. 그리고 그들에게서 따뜻한 온정을 나누는 법을 배웠고 차갑게 닫혔던 마음의 문을 열 수 있게 되었다.

두 분이 이사를 가고 난 후, 우린 그곳에서 삼년을 더 살았다. 정 들었던 그곳을 떠나오면서 소중한 인연을 맺었던 사람들과 조금은 거리가 멀어지게 되었지만 그들과 맺었던 인연의 끈을 놓지 않고 그들에게서 소박하고 아름답게 사는 진실한 삶의 의미를 배우고 있다.

일요일, 오후 늦게 비가 올 거라는 기상예보와는 달리 이른 아침부터 비가 내렸다. 친구 아들 결혼식이 있는 날이라 일주일 만에 찾아온 달콤한 휴식을 미루고 빗속을 한 시간을 달려 사천에 있는 예식장으로 갔다. 결혼식장으로 가는 차안에서 식을 마치고 두 분이 사는 곳에 들러 오리라 마음을 먹었다. 먼 길 마다 않고 달려온 나를 친구와 친구부인은 내 손을 잡고 연신 고마움을 표했다. 예식을 마치고 식장을 빠져 나오려 하자 오랜만에 만난 친구들과 후배들은 나를 그냥 놓아 주지 않았다. 점심을 먹고 자리를 옮겨 새벽까지 긴 회포가 이어졌다. 두 분의 집의 일은 어느새 까맣게 잊고 있었다. 새벽 늦게 집으로 돌아온 나를 보고 아내는 따가운 눈총을 보냈다. 하루 종일 집 근처까지 와서 그냥 지나쳐 간 것을 아시면 얼마나 섭섭해 하실까 생각하니 죄 지은 사람처럼 마음이 편치 않았다. 늘 두통과 다리관절염에 시달리시지만 아픈 표정 대신 미소

가득한 얼굴로 문 앞까지 나와 반갑게 맞아 주시는 아주머니의 모습이 눈에 밟혔다.

이번 주말에는 아이와 함께 아주머니가 즐겨 피우는 담배와 과일 봉지를 들고 두 분이 살고 있는 사천에 꼭 다녀오리라 다짐을 해 본다.

〔10.04.15일〕

삶의 애환

간밤의 취기를 달래려고
빼어 문 담배 연기에
긴 한숨만이 깊게 배어 나온다

지금은 오전 6시
오전 6시입니다

손목시계에서 들려주는 음성만이
또 하루를 살고 있다는 것을 일깨워준다

파리한 낯빛
시린 손발위에
싸늘히 전해져오는 냉기가
허허로움을 더해간다

젊은 날

詩

무지개처럼 찬란했던 빛들은
검은 색안경
뒤편에 녹아내려
자꾸만 쭈그려져만 가는 눈엔
시린 바람만 훑고 간다

모두들 따뜻하다는 이 봄날에
핏기 없는 얼굴에
목을 곧추세운 채
임대 아파트 화단에 걸터앉아
오고가는 사람들을 올려다보지만
아무도 그를 거들떠보지 않는다

살아있다는 것만으로도
춤추며 기뻐하라지만
살아있는 것만으로는
날이 곤두선 파도는 어쩌지 못한 채
어깨위로 짓누르는 삶의 무게는
오늘도 무겁게 더하여만 온다

스승은 부모와 같다

일요일 오후, 아이와 함께 동네 목욕탕에 갔다. 휴일 이른 오후라 사람들로 붐비는 오전과는 달리 목욕탕은 한산하기만 했다. 아이와 나란히 온탕에 들어가 가장자리에 머리를 비스듬히 뉘이고 요즘 역사에 관심이 많은 아이와 한창 이야기를 나누고 있을 때, 아이 곁에 다가온 노인이 더듬거리는 말투로,

"고, 고향이 어디야?"

"네? 저요?"

"토, 토영 아니야?"

생판 모르는 노인에게서 갑자기 질문을 받은 아이는 영문을 몰라 어리둥절하며 노인의 얼굴을 물끄러미 쳐다만 보고 있었다.

"너, 너 말고. 너, 아부지 말이야."

그 말을 듣는 순간 나는 감고 있던 눈을 뜨고 고개를 돌려 소리 나는 쪽을 쳐다보았다. 그리고 탕 가장자리에 앉아 있는 노인과 눈이 마주쳤다. 나는 순간 내 눈을 의심했다. 내 앞에 중학교 때 은사님이 입가에 미소를 머금고 나를 내려다보고 계셨다. 나는 깜짝 놀라 입을 다물지 못했다.

"너 민구지? 민구 맞지?"

"선생님, 저 민호입니다."

"그래, 민호 맞다. 민호 맞어."

"선생님, 몰라 뵈어서 죄송합니다. 선생님은 모습은 하나도 변하지 않으셨습니다. 근데 저는 예전과 모습이 많이 달라졌는데 어떻게 저를 알아 보셨습니까?"

"나는 첫눈에 자넬 알아봤지. 한 삼 개월 전에 길에서 자네를 봤지. 그땐 자네에게 말붙일 여유가 없었어. 지금 어디에 살아?"

"네, 전 이 동네에 삽니다. 산지가 이십년이 넘었습니다. 선생님은 이곳에 어쩐 일이십니까?"

"나? 나도 요 근처에 살아. 전에 삼현여고 앞에 살다가 신무림제지 옆으로 이사 왔어."

"아, 그러셨군요. 그러고 보니 선생님 뵌 지가 이십년이 넘었습니다. 전에 진주중학교에 계실 때 우연히 길에서 뵙고 선생님을 다시 못 뵈어서 늘 궁금했었습니다."

"그래, 그때 그랬었지. 거기 중학교에 몇 년 있다가 장학사도 하고 진주여고에서 정년퇴직했어."

"선생님 차림이 이 모양이라 절도 못 올리고 송구합니다. 전화번호 알려주시면 제가 전화 올리겠습니다."

"그리해, 지금은 뭐 하고 지내나?"

"네, 저는 글쟁이입니다."

"무슨 글 쓰는데?"

"네, 선생님. 시도 쓰고 수필도 쓰고 소설도 쓰고 있습니다."

"작가여? 그래? 아주 잘 됐네. 나도 늘 자네가 궁금했었네."

"감사합니다. 선생님, 선생님 은혜는 늘 잊지 않고 있습니다."

옆에 있는 아들을 보며,

"자네 아들인가. 아들을 참 잘 두었네."

"여기 목욕탕엔 자주 오십니까?"

"여기 이사 오고 몇 개월 전에 한 번 와봤더니 물도 좋고 주인장이 인사성이 밝아서 일요일마다 와."

"아하. 그래서 선생님을 한 번도 뵙지 못했군요. 전 일요일에는 사람들이 많아 토요일에 옵니다. 그래서 선생님을 만나지 못했나봅니다."

"그래. 옛날에는 피부도 까맣고 눈도 많이 나빴었는데 지금은 몸도 건강해졌고 시력도 좋아진 것 같네."

"네, 그래도 지금은 전보다 살도 많이 빠졌고 시력 교정을 해서 눈은 많이 좋아졌습니다."

"이제 자네와 나도 같이 늙어가는구먼. 자네의 건강한 모습을 보니 기분이 좋네."

선생님과 한참동안 이야기를 주고받다가 선생님이 한증탕으로 들어가시는 모습을 보며 선생님과 나와의 사이가 참으로 귀한 인연이라는 생각이 들었다. 오랜 세월 속에 많이 변해 버린 나를 잊지 않고 기억하고 계시다는 사실에 놀라울 뿐이었다.

온탕에서 나와 아이의 몸을 씻기고 있을 때, 등 뒤로 다가와 가만히 내 모습을 지켜보시다 다음에 또 만나자는 인사를 하고 가시는 선생님의 뒷모습은 칠순을 넘긴 연세임에도 아주 건강해보이셨다. 나는 선생님 모습이 보이지 않을 때까지 한참을 출입문 쪽을 바라보고 있었다.

나에겐 두 분의 스승님이 계신다. 한분은 나를 문학의 길로 이끄신 시인 김춘수 선생님이시고 또 한 분은 중학 3학년 때 우리 반 담임이셨던 이수영 선생님이시다. 수학을 가르치신 선생님은 그리 크지 않은 키에 시원하게 벗겨진 이마, 카랑카랑한 목소리에 매서운 눈빛에 카리스마가 넘치셨다. 우리 반 아이 모두는 선생님을 무척 무서워했다. 수업시간에 한눈을 팔거나 무작위로 부르는 번호에 일어나 문제를 풀지 못하면 앞으로 불려나가 길이가 한자반쯤 된 둥글둥글한 매로 손바닥을 맞아야 했다. 우리는 수학시간이면 숨소리조차 크게 내지 못했다.

나는 키도 작고 애소해서 맨 앞자리에 앉았다. 중학교 1학년 때부터 점점 시력이 나빠져서 친구들보다 더 두꺼운 안경을 써야 했고 소극적인 성격 때문에 친구들과 잘 어울리지 못했다. 3학년에 올라가서는 공부에 점점 흥미를 잃어 성적이 중위권으로 곤두박질쳤다. 시험이 끝나고 나면 과목별로 틀린 문제만큼 손바닥이 불이 날 정도로 매를 맞아야 했지만 마르고 허약한 나를 선생님은 사정을 두어 때리셨다. 친구들은 선생님하고 내가 친척간이냐며 물을 정도였다.

여름 방학을 앞두고 토요일 오후에 반장을 앞장세우고 가정방문을 오신 선생님은 아버지와 한참동안 이야기를 나누시고 가셨다. 그리고 일주일 뒤 선생님이 나를 조용히 부르셨다. 나는 영문도 모른 채 선생님을 따라 시내 번화가에 있는 안경점으로 갔다. 시력을 재고 안경을 새로 맞췄다. 안경점을 나와 아버지와는 한 번도 가보지 못했던 중국집에서 선생님과 짜장면을 먹었다.

그때 당시에는 우리 집 형편이 많이 안 좋은 때였다. 큰 형님이 사고로 몸을 다쳐 직장을 관둔데다 그 치료비를 대느라 어머니의 허리가 휠 정도였다. 내가 쓰고 있던 안경은 초등학교 육학년 때, 맞춘 것으로 점점 나빠진 시력에 도수가 맞질 않았었다. 도수가 맞지 않은 안경은 맨 앞자리에서도 칠판의 글이 흐릿해 잘 보이지 않을 정도였다. 그걸 아신 선생님은 자신의 돈으로 내 안경을 맞춰 주셨다.

선생님은 아무거나 잘 먹어야 눈도 좋아지고 건강해 질수 있다며 공부도 열심히 하고 운동도 열심이 하라며 따뜻하게 말씀하셨다. 평소에는 느끼지 못한 선생님의 자상함에 나는 무척 감동을 받았다. 그날 이후부터 학교 수업이 끝나면 반 친구들과 교실에서 밖이 깜깜해지도록 공부를 했다. 중간고사를 치르고 난 며칠 후 수업 시간에 교실로 들어오신 선생님은 두툼한 손으로 내 미리를 쓰다듬어 주시며 "좀 더 노력을 하면"하고 칭찬해 주셨다.

이듬해 나는 고향을 떠나 유학길에 올랐다. 그리고 선생님을 다시 뵌 것은 십 사년 만이었다. 내가 서울 생활을 접고 고향에 내려와 작은 사업체를 시작할 때였다. 전날 일 때문에 섬에 들어갔다가 하룻밤을 묵고 뒷날 오전에 뭍으로 나오는 여객선에서 선생님을 만났다. 먼발치에서 선생님을 먼저 알아보고 다가가서 인사를 드렸지만 몰라보게 많이 변해버린 나를 선생님은 금방 알아보지 못하셨다. 그때 선생님은 섬에 있는 중학교에서 아이들을 가르치고 계셨다. 그러다가 지금 살고 있는 진주로 이사와 얼마 지나지 않아 선생님을 길에서 다시 뵈었다. 전날 회사에서 무거운 물건을 들다 왼쪽 무릎에 떨어뜨려 인대가 늘어나는 바람에 병원에 다녀오는 길이었다. 몇 년 만에 다시 만난 선생님께 차 한 잔 대접도 못하고 길에서 선 채로 헤어진 일이 늘 마음에 걸려있었다.

목욕탕에서 돌아와 조금 전 일을 집사람에게 말하자 아내는 선생님과의 인연은 참으로 귀하고 소중한 인연이라며 이제부터라도 자주 찾아뵈라며 자신의 일인 양 기뻐했다.

저녁 무렵 선생님 댁으로 전화를 걸었다. 선생님은 아까 보다 더 반가워하셨다. 이젠 가까운 거리에 있으니 자주 찾아뵙겠다며 말씀을 드리자 선생님은 일부러 그러지 않아도 된다며 내가 건강하게 잘 지내기를 바라셨다.

돌이켜 생각해보면 스승은 부모와 같다. 스승의 사랑도 모성처럼 무조건적이어서 오직 제자가 잘되기만을 바랄뿐이다. 지금의 내가 어엿한 지식인으로 살아 갈 수 있는 것은 하늘같은 스승님의 가르침 때문이다. 스승님의 소중한 가르침이 없었다면 지금의 나도 없었을 것이라 생각한다.

올 연초에 선생님께 전화로 인사를 드린 지 몇 달이 지나갔다. 늘 찾아뵈어야지 생각만 하다가 시간만 보내고 말았다. 이렇게 못난 제자는 못난 자식과 같다. 그래도 이 못난 제자가 잘 되기만을 빌어주시는 그 은혜를 평생 갚아도 다 갚지 못할 것 같다.

〔10.05.22일〕

詩

시인이란

글을 쓴다는 것은
또 다른
세계를 발견하고
발가벗은 그대로의 세상을
바라보고 싶은
신성한 소망의 표현이다

그것은 삶을 노래하는
詩의 정신이다

詩人이란
그저 시를 쓰는 사람이 아니라
가슴 속이 생명으로 충만한 사람이다

남자의 눈물은 여자의 눈물보다 진하다

얼마 전 지상파 라디오 방송국 모 작가와의 대담에서 "여자는 일 년에 마흔 아홉 번 울고, 남자는 일곱 번 운다." 라는 말을 들었다.

어릴 적부터 들어온 "남자는 일생에 세 번 운다." 는 말이 무색할 정도로 이 땅에 남자로 사는 것이 얼마나 힘들고 고달프면 저런 말들이 나올까? 생각하니 마음 한 편이 씁쓸해져 온다.

술에 취하면 잘 우는 선배가 있었다.

그 선배는 반 술이 되면 낮밤을 가리지 않고 심지어 새벽시간에도 내게 전화를 했다. 부모에게서 물려받은 직물 공장을 이십 년 넘게 운영했던 그 선배는 우리나라 경제가 부도나던 그 해, 중국에서 물밀듯 밀려드는 값싼 실크에 밀려 공장이 부도가 나자 자신의 처지를 술로 달래며 하루하루를 보냈다. 그렇게 밤낮으로 술에 취해 과거에 얽매여 세월을 보내자 이십여 년을 함께 산 부인은 생활고와 폭언에 견디다 못해 이혼을 요구했다.

아내가 집을 나가고 아들 둘과 생활을 하던 그 선배는 어느 날부터 술에 취하면 조금씩 눈물을 보이기 시작하더니 많은 사람이 있을 때나 나와 단 둘이 있을 때에도 자신의 처지를 비관하며 눈물을 흘렸다. 그 일이 반복되자 주위의 사람들은 점점 선배를 멀리하기 시작했고 술자리에 선배가 나타나면 모두 자리를 피했다. 그렇게 하나 둘씩 사람들이 자신을 멀리하자 선배는 술에 취하면 밤낮을 가리지 않고 사람들에게 전화를 걸었다. 다급한 목소리에 전화를 받고 달려 나온 사람에게 단지 보고 싶어 전화를 했다며 아연실색 하는 사람을 붙잡고 과거 군대시절 이야기를 시작으로 망한 사업이야기, 한때 좋은 차타고 다니며 요정에 다닌 이야기들을 하고 또 하고 되풀이 했다. 그렇게 그 선배에게 한두 번씩 불려나갔던 사람은 아예 전화를 받지 않거나 핑계를 대고 만나주지 않았다.

난 그런 선배를 외면 할 수가 없었다. 한 밤중에도 선배가 부르면 포장마차건 호프집이든 접대부가 있는 주점까지 가야했다. 주위에서는 그런 나를 보고 부질없는 짓이라고 말렸지만 아무도 거들떠보지 않는 그 선배를 그냥 외면할 수가 없었다. 그런 선배의 뒤치다꺼리를 이 년간 계속하자 차츰 나도 조금씩 지쳐갔다. 선배가 식사도 거른 채 점점 알코올에 의존해 가는 모습을 보고 충고도 하고 반 협박도 했지만 그때뿐이었다. 그 상태로는 도저히 어찌할 수가 없어 선배와의 거리를 조금씩 두기 시작했다. 자정을 넘긴 전화는 받지 않고 두 번에 한번은 먼 곳에 있다며 핑계를 대고 만나주지 않았다. 선배는 믿었던 나에게조차 점점 외면을 당하자 살던 집을 정리해 도심에서 30분 거리의 작은 시골 마을로 이사를 갔다. 그곳으로 이사를 간 선배는 지인의 소개로 단주斷酒 모임에 들어 술을 끊고 전에 거래하던 회사에 영업사원으로 취직해 새로운 삶을 시작했다.

몇 달 만에 만난 선배는 얼굴색도 몸도 많이 건강해져 있었다. 나는 선배의 회한 섞인 눈물을 다시 보지 않아도 된다는 생각에 내 일처럼 기쁘기만 했다.

여자를 흔히 눈물 속에 피어난 꽃이라고 한다.

사람들은 눈망울이 크고 깊은 여자는 눈물이 많고 눈망울이 작은 여자는 눈물을 잘 흘리지 않을 거라는 생각들을 하고 있지만 내 주위의 몇몇 사람들은 깊고 큰 눈망울을 가졌지만 어떤 시련에도 눈물을 잘 보이지 않는다. 감성이 풍부하고 정情이 많은 사람은 눈물이 흔하고 정이 얕고 냉정 심을 잃지 않는 사람은 눈물을 잘 보이지 않는 것 같다. 잔정이 많은 내 누이는 눈망울도 크지 않고 성격도 급한데 반면 눈물이 많은 걸보면 꼭 눈이 크다고 해서 눈물이 많은 것만도 아닌 것 같다.

중학 시절 어머니의 슬픈 눈물을 본 적이 있었다. 새벽시장에 장사 나간 어머니가 한낮에 돌아와 서럽게 우는 모습을 보고 나는 큰 충격에 빠지고 말았다. 어머니는 그림과 낚시에 빠져 살던 아버지 대신 우리 육남매를 먹여 살리기 위해 새벽 통금 사이렌이 울리면 시장으로 나가셨다. 해산물 장사를 하셨던 어머니는 추석 대목을 맞아 모아 두었던 돈을 섬에 주문한 해산물 값을 치르기 위해 부두로 나갔다가 소매치기에게 가진 돈을 몽땅 털리고 돌아와 대성통곡을 하고 있었다. 우리에게 강한 모습만을 보였던 어머니이었기에 그날의 기억은 아직도 생생하기만 하다. 한 집안의 맏며느리로서의 중압감, 가부장적인 아버지에게 받은 설움, 못 배운 설움, 하루 종일 소금끼 가득한 바다 바람을 맞으며 살기위해 바동거려야 했던 것들의 서러움들이 함께 쏟아진 어머니의 한恨 맺힌 눈물의 의미를 난 한참 후에야 알게 되었다.

내가 어머니 뱃속에서 나와 여태까지 살아오면서 목 놓아 울어 본 기억은 없다. 이십 대 때 할머니 돌아가시던 날, 결혼 십 년 만에 이혼을 하고 7살 난 딸아이를 부둥켜안고 소리죽여 울었던 날, 정든 고향을 등지고 떠나오던 날, 그날들을 빼 놓고는 눈물을 흘려본 기억은 없다.

남자라는 이유로 눈물을 쉽게 보이지 못하는 이유도 있지만 사소한 일이 생길 때마다 눈물을 보인다면 정작 울어야 할 때에는 눈물이 나오지 않을까 하는 생각이다.

남자의 눈물이 여자의 눈물보다 더 진하다. 라는 말은 남자의 눈물이 흔치 않은 것도 있지만 남자의 눈물은 가슴속에서 우러나오는 진정한 눈물이기 때문이다.

어느 여류 시인의 "우는 사람이 행복하다" 는 제목처럼 나라경제가 어려운 이때 세상사람 모두가 행복에 겨운 눈물을 펑펑 쏟아 내는 날이 어서 왔으면 좋겠다. 〔11.03.12.〕

詩

눈물이 나요

그대 다정한
목소리 듣고 있을 때면
눈물이 나요

그대와 나란히 앉아
미소 짓고 있어도
눈물이 나요

그대 품에 안기어
한없는 행복에 젖어 들 때도
눈물이 나요

그대 모습 떠 올리다
물밀듯 그리움이 밀려오면
나도 모르게
눈물이 나요

情人의 약속

캐나다의 사회심리학자 라라 캠래스가 사랑하는 사람이 왜 가장 큰 상처를 주는 이유에 관한 연구 발표를 했다. 실제로 가장 긍정적인 감정을 느끼는 관계, 상대방의 심리를 잘 아는 사람이 거창한 약속을 하는 것으로 나타났다. 당시는 분명 진심이었지만 세상일이 그렇듯 피치 못할 일들은 늘 생겨난다. 그러나 종종 주위의 사람들에게서 굳게 다짐했던 말과는 전혀 다른 말을 하면서 이유 같지 않은 이유로 말 바꾸기를 하는 사람을 보면 속으로 개탄을 금치 못할 때가 있다.

몇 해 전, 지인의 권유에 모 문학 사이트에 가입을 하게 되었다. 사이트 운영자는 나보다는 나이가 두어 칸 적은 여성이었는데 내가 가입을 하고 매일같이 글을 올리고 회원들의 글에도 많은 관심을 보이자 운영자는 하루에도 몇 번씩 내 블로그에 찾아와 안부 글을 남기고 가며, "동인지에 원고를 내라, 이번 모임에 나와 달라" 고 끊임없이 나를 회유했다. 내가 가입할 당시 그 사이트 회원들은 이미 두 번의 동인지를 만들었었고 세 번째 동인지를 준비하고 있는 상태였다.

사이트 운영자의 간곡함에 한 번쯤 모임에 나가는 것도 좋겠다는 생각에 아침 일찍 고속버스를 타고 서울로 상경했다. 점심시간에 맞춰 경복궁역 한식집에 이십 여명이 참석한 가운데 사이트 운영자가 문예지 창간에 대한 의견을 꺼내자 많은 의견들이 쏟아져 나와 분분해지자 자신이 발행인 자리를 맡고 작가 회 회장 자리는 자신의 오랜 지기를 앉히고 처음 대면한 나를 부회장에 지명을 했다. 뜻하지 않은 제의에 완강하게 거절하는 나를, 옆자리에 앉아 있던 큰 형님뻘 되는 원로 시인께서 빙그레 웃으며, "그냥 해. 괜찮은 사람들만 있는 곳이라 아무 일 없어." 하는 말에 나는 더 이상 거절을 하지 못하고 집으로 내려왔다. 그 다음 날 전화로 다시 한 번 거절 의사를 밝혔으나 내 의사는 받아들여지지 않고 운영자는 작가 회 명단을 사이트 게시판에 공개 했다. 억지로 떠안은 자리가 불편하고 썩 내키지 않았으나 이왕 맡은 일 열심히 해 보려고 그날이후부터 작가 회 모임에도 빠지지 않고 나갔다.

몇 개월 동안 작가 회 임원들의 의견이 모아지고 문예지 창간일이 정해지면서 신인상 공모를 하게 되었다. 신인상 공모 마감일이 일주일도 채 남지 않은 어느 날, 임원 한 분이 전화를 걸어와 "신인상 공모 당선자가 결정 되었냐." 며 물었다. 금시초문인 나는 "아직 심사 중인데 당선자가 나올 수 있겠습니까." 하고 말하지, 이번 신인싱 공모에 응모한 사람 입에서 그 이야기가 나왔다. 는 것이었다. 나는 편집위원 김 모 시인에게 전화를 걸어 묻자, 나와 똑 같은 말을 했다. 그날 늦은 오후 작가회 회장에게서 모든 사실을 전해 듣고 그 말들이 전부 발행인의 입에서 나온 말임을 알 수 있었다. 오래전부터 자신과 친밀한 관계를 유지하고 있던 사람들이 응모한 글들만 2차 심사에 올리면서 몇몇의 사람들에게 당선소감을 준비하라며 통지한 사실을 확인하자 난 아연실색하지 않을 수가 없었다.

난 당장 작가 회 임원 전부에게 발행인의 부당함을 알리고 공정한 재심사를 요구했다. 그러나 임원 몇 사람과 회장은 발행인의 편에 서서 모든 사실을 소리 없이 무마하려했다. 처음 우리가 머리를 맞대고 순수하고 깨끗한 문예지를 만들어나가자는 약속은 이미 물거품이 되고 있었다. 난 더 이상 순수하지 못한 사람들과 함께 하고 싶지 않았다.

우리나라 문단에는 셀 수 없이 많은 문예지들이 있다. 그 문예지들은 월간지, 계간지, 반 년 간지, 년 간지로 나뉘어져 있는데 거의 모두가 등단을 시키는 제도를 두고 있다. 내가 아는 손꼽을 정도의 잡지를 빼고는 나머지 문예지들은 등단의 미끼로 책을 강매하고 있는 실정이다. 어느 유명시인의 말처럼 "이 좁은 땅 덩어리 안에 무슨 시인이 그리도 많은지 참으로 개탄스럽다." 라는 말이 무색할 정도로 이 땅에 자격 미달인 시인이 많은 것이 사실이다.

한국문학을 대표 하네, 쓰러져 가는 한국문학을 부흥 시키네, 하며 순수문학을 표방하는 사이비 문예지의 실상을 들여다보면 작품성은 배제

한 채 등단을 대가로 심사비와 일정량의 책 구매를 강요하고 있다. 심지어는 수준이하의 글을 퇴고를 해서 엉터리 시인을 양성 시키고 책을 사지 않는 사람은 상패도 주지 않고 철저하게 왕따를 시켜 자기들만의 모임만을 갖기도 한다.

이렇게 사이비 문예지들이 판을 치고 있는 것은 우리 문학계가 위로부터 썩을 대로 썩어 있는 것이 큰 문제지만 문법이나 글의 철자도 제대로 알지 못하는 사람들이 시인을 만들어준다는 말에 현혹되어 명함에도 못 내밀 문예지에 등단을 해 놓고, 나도 시인 임 네, 하고 낯 두꺼운 얼굴을 내미는 데에서 그 문제가 심각하다고 할 수 있다.

지난 3월말 모 문예지 출판기념일로 서울에 갔을 때 지인이 내게 이런 말을 했다. 자신이 오랫동안 몸담고 있던 문예지가 발행인의 독선으로 뜻을 함께 했던 사람들이 모두 떠나고 이제 빈 껍데기만 남아 곧 쓰러진다는 소식이었다.

그 문예지 발행인은 나도 잘 아는 분이다. 처음에는 그 발행인도 문예지 창간과 함께 작가 회를 구성, 출범시키면서 작가 회에 모든 운영과 편집을 맡긴다고 공식석상에서 약속을 하고 자신이 운영하는 카페에도 공표해 놓고는 신인상 심사와 편집회의는커녕 자신이 미리 정해 놓은 방향으로 독선을 일삼다 결국은 창간 멤버들이 모두 등을 돌리고 떠나자 이제 문인들이 기고조차도 하지 않는 하류 문예지로 존폐의 위기를 맞고 있다고 했다.

'약속과 계란은 깨어지게 되어 있다.' 라고 변명하고 또 약속을 하는 사람을 보면 그 사람의 내면은 어떻게 생겼을까 하고 궁금해진다. 요즘 한창 인기를 끌고 있는 모 방송국 일일연속극에서는 거짓과 배신을 밥 먹듯 하는 드라마가 연일 인기몰이를 하고 있고 정치권에서도 지난 대선 때 선거 공약으로 내 건 영남권 신공항을 백지화 했다. 그리고 이 사회를 지탱하는 지식인들이라고 할 수 있는 글을 쓰는 사람들조차도(일부) 약속과 거짓을 반복하고 있다. 이렇듯 약속을 마치 헌신짝 버리듯 하는 사회 풍토에 동반하여 누구보다도 가장 순수하고 깨끗해야할 문인들이 돈 벌이에 눈이 어두워 버젓이 위선의 탈을 쓰고 장사치로 둔갑해 자격 없는 시인이 자신과 별 다름없는 시인을 양성하고 있는 것이다.

글을 쓰는 능력은 신이 주신 최고의 선물이라고 했다. 진정 글을 사랑하고 나라를 사랑한다면 거짓과 비리로 점철된 이 사회를 밝고 아름답게 바꾸어 나가는 의무를 결코 잊어서는 안 될 것이다.

얼마 전 이명박 대통령이 동남 권 신공항 공약을 백지화 했다. 이명박 대통령은 선거 공약보다는 국익이 우선되어야 한다는 말로 국민들에게 사과했다. 신공항 공약을 좋게 보면 영남 유권자의 요구를 잘 알기 때문에 내 놓은 약속이고 나쁘게 보면 표를 얻기 위해 내 놓은 포퓰리즘이 분명하다.

자신이 공약한 국민과의 약속을 저버린 것은 분명 잘못이다. 또 한편으로 보면 국민의 혈세를 막는 것 또한 옳다고 본다. 하지만 그것보다 우선되어야 하는 것은 신의다. 지키지도 못할 약속을 해 놓고 끝에 가서는 미안하다는 말로 대신한다면 그 어느 누가 믿음을 가질 수 있겠는가.

약속을 헌신짝 버리듯 하는 사람들에게 말하고 싶다. 중한 약속이든 사소한 약속이든 지키지 못할 약속은 함부로 하지 말았으면 한다. 믿음이 땅에 떨어지면 자신의 삶도 빈껍데기만 남아 결국은 허무해 질 테니까.

〔11.04.09일.〕

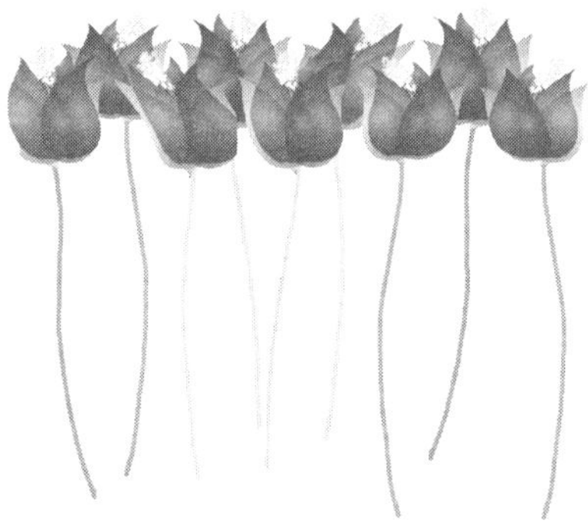

詩

언 약

그대 기억하고 있나요
지난날 아름다웠던 우리의 사랑을

그대 기억하고 있나요
지난날 행복했던 그 순간들을
비오는 여름날 흠뻑 비를 맞으며
함께 걸었던 그 호숫가를

그대는
잊으셨나요
꽃피는 계절이 돌아오면
내 곁으로
돌아온다던 그 약속을
물안개 피어오르던 강가에서
명세한 우리의 사랑을

사랑은 위에서 아래로 흐를 때
하해夏海와 같고
아래에서 위로 향할 때
세상에서 가장 고귀하다

3부

사랑은 오래 나누어야 행복하다

일요일 오후에 일어난 일

일주일 내내 이곳저곳 문학 행사에 쫓아 다니느라 몸이 지칠 대로 지쳐 다른 날보다 일찍 잠자리에 들었다. 해가 중천에 떠오를 때 까지 세상모르고 자고 일어났더니 솜처럼 무거웠던 몸은 한결 가벼워졌다. 정오를 훌쩍 넘겨 늦은 아침을 먹고 거실 한편에 세워둔 자전거를 마당으로 꺼내 묵은 먼지를 씻어내고 가벼운 마음으로 남강을 따라 달렸다.

강위에는 물놀이를 나온 연인들이 보트를 타고 호수 같은 물위를 긴 흔적들을 내며 이리저리 떠다니고 둔치 잔디에는 가족들과 나들이를 나온 많은 사람들이 휴일 오후를 즐기고 있었다. 초록의 싱그러움이 더해가는 5월 중순의 한낮의 햇살은 어제보다 더 두꺼워져 점점 더운 열기가 느껴졌다.

진양교 다리 위를 건너지 강을 따라 불어오는 비풍이 온 몸을 감싼다.

여인의 부드러운 살결 같은 바람을 온 몸으로 받으며 느리게 페달을 밟았다. 조경 석 사이사이에 울긋불긋 피어난 온갖 꽃들을 보며 붉은 자전거 길을 달려 천수교 앞 친구 집에 도착하니 친구는 막 목욕을 갔다가 돌아와 있었다. 현관 앞에까지 나와 반갑게 맞아주는 친구 부인의 인사를 받으며 집안으로 들어서니 누런 황토벽이 옛날 시골집에 온 것 같은 착각에 빠진다. 차를 마시며 오랜만에 만난 친구와 시간가는 줄 모르고 이야기꽃을 피우다가 해가 뉘엿뉘엿 넘어 가는 것을 보고 자리에서 일어났다.

나를 배웅하고 강 둔치 족구장으로 가는 친구가 나중에 한잔 하자는 말에 약속을 하고 왔던 길을 달려 집 앞 네거리에서 신호가 바뀌기를 기다렸다. 횡단보도 파란불이 들어오고 좌우를 살핀 다음 자전거를 끌고 천천히 길을 건너는데 신호를 무시한 시외버스가 좌회전을 하면서 나를 치고 말았다. 나는 외마디 비명을 지르며 자전거와 함께 땅바닥으로 나동그라지고 말았다. 정신을 차리고 일어서려는데 오른쪽 무릎에 통증이 왔다. 나는 다리를 끌며 길 가장자리에 주저앉았다. 이때 나와 같이 길을 건너다가 사고를 면한 사람들은,

"신호도 안 보고 운전을 하는 사람이 오데 있노."

한마디씩 하며 소리를 질렀다. 기사는 놀란 얼굴로 버스에서 내려와 멍한 표정으로 아무 말도 못하고 나만 내려다보고 있었다. 이 때 뒤따라 온 같은 회사 동료인 기사가 버스를 세우고 달려와서는,

"많이 다쳤습니까? 병원에는 안가도 괜찮겠습니까?"

묻고는 사고를 낸 기사에게 경위를 물었다. 나는 그제야 고개를 들고 나를 친 기사 얼굴과 버스를 번갈아 보았다. 기사는 안절부절 못하고 어디론가 급히 전화를 걸었다. 나를 친 버스는 지방에 연고를 둔 향토 회사차였다. 나는 버스가 막아선 차선 때문에 길이 막혀 가지 못하고 길게 늘어선 차들을 보며 기사에게 연락할 전화번호를 달라고 하고 가보라고 했다. 버스기사는 그제야 안심이 되는지 몇 번이나 머리를 숙이며 내일 병원 갈 때 꼭 전화 달라는 말을 남기고 갔다.

앞바퀴가 휘어진 자전거를 끌고 대문을 들어서자 발을 심하게 저는 나를 보고 집사람은 토끼눈을 하며 물었다. 조금 전에 일어난 일을 설명하자 아내는 당장 병원에 가자고 재촉을 했다. 괜찮다며 몸을 씻고 외출을 하려고 옷을 갈아입는 나를 보고,

"정말 괜찮아요? 오늘은 몸도 불편한데 나가지 말고 그냥 집에 계시지요."

아내는 평소와 다르게 억양을 높였다. 집사람의 말을 듣는 것이 낫겠다 싶어 친구에게 전화를 걸어 약속을 뒤로 미루고 컴퓨터 앞에 앉으니 이젠 허리에 슬슬 통증이 몰려왔다. 허리와 다리에 온찜질을 해 주며 내일 병원에 꼭 가보라는 집사람의 말에 일찍 잠자리에 누웠지만 밤새 통증에 뒤척이다 새벽 늦게 겨우 잠이 들었다.

아내가 깨우는 소리에 자리에서 일어날려니 어제 밤보다 허리의 통증이 더 심하게 몰려왔다. 밥술을 뜨는 둥 마는 둥 하고 집을 나서며 버스기사에게 연락을 했다. 병원에 도착하자 입구에서 기다리고 있던 버스기

사가 몸은 좀 어떠냐고 묻는다. 별일 아닐 거라고 안심을 시키고 접수를 하고 허리와 무릎 사진을 찍고 한참을 기다려 진료실로 들어가 의자에 앉으니 사진을 들여다보고 있던 의사가 나를 알아보며,

"선배님, 어찌된 일입니까?"

"응, 어제 저녁에 버스에 치였네."

심각한 표정을 지으며 재차 물었다.

"전에 허릴 다친 적이 있습니까?"

"없는데 왜 그러나?"

"허리가 많이 안 좋아 보이는데요. 입원해서 치료를 좀 받으셔야겠습니다."

그 말을 듣는 순간 주말에 제일중학교 학생들과 남원으로 문학기행을 갈 일이 아득해져 걱정이 태산 같이 밀려왔다.

"심한가, 입원하지 않고 통원 치료하면 안 되겠는가."

"어디 다른 곳은 아픈 데는 없으십니까."

"자고 났더니 오른쪽 무릎하고 허리가 많이 아파."

"음……, 더 두고 봐야 하겠는데요. 그러면 오늘은 주사 맞고 약 처방을 해드릴 테니까 내일 다시 오시지요."

"많이 안 좋은가?"

"일단 치료를 해 보고 이야기 하시죠."

의사의 말을 들으니 허리에 통증이 더 심해지는 것 같았다. 뒤에서 의사의 말을 듣고 있던 버스기사의 얼굴이 점점 어두워져 갔다. 두 시간에

걸쳐 링거를 맞고 주사실을 나와 병원 문을 나서려고 하는 그때 등 뒤에서,

"선배님! 오늘 저녁에 양주 큰 거 두병만 사 주시면 그 허리 바로 낫게 해 드릴게요."

돌아보니 아까 날 진료했던 의사가 실실거리며 웃고 있었다. 순간 후배 놈에게 놀아났다는 생각이 들자 약이 바짝 올랐다.

"그래! 이놈아! 오늘밤 니가 죽나 내가 죽나 어디 한번 해 보자!"

내 말이 끝나기가 무섭게 꽁무니를 내 빼며 도망가는 후배를 보며 쓴웃음을 지으며 병원 문을 나셨다.

에고~허리야~

산다는 것이 행복한 것일까
살아간다는 것이 행복한 것일까
살아본 것이 행복한 것일까
행복해지길 기다린 삶이
행복했던 것일까

아 침

온 누리에 신선한 기운이 넘실거린다
새벽빛 열고 다가오는 붉은 햇귀 아름답다

강물이 천천히 바다에 이르기까지
아침의 웅웅한 일렁임 속에
아, 빛나는 아침
바람 부는 데로 그림을 그리는 바닷물에
깊은 깨달음 적시며
단풍나무 숲 속에 선 느낌으로
소외 받던 잠을 깨우고
아침은 쩡쩡 정수리를 깨우며 밝아온다

어둠속 안개를 헤집고
산마루에 서서 모진 바람 풍과 겪으며 뿌리를 내리는
저 푸른 소나무처럼
흐르는 물처럼

詩

쉬지 않고 달려가는 바람처럼
물오른 가슴으로
뜨거운 생명으로 고동치며
푸름으로 서서 희망의 연둣빛 안고
아침이 다가온다

문門

우리는 하루에 수없이 문을 열고 닫고 산다. 우리가 어머니의 자궁을 열고 세상으로 나올 때, 비로소 생명을 부여받듯 문은 삶을 여는 열쇠요, 출발점이기도 하다. 나는 아침에 일어나면 창문을 열어 밤사이 갇혀 있던 공기를 내 보내고 새로운 공기를 들여 하루를 시작한다. 그러고 보면 문은 닫힌 공간을 열린 공간으로 바꾸는 세상을 이어주는 통로이기도 하다. 내 마음속에도 문이 있다. 그 문 또한 맑은 날에는 활짝 열려서 바깥공기를 한껏 들이지만 바람이 불거나 흐린 날에는 꼭 닫혀 있다.

어릴 적 우리 집은 공원으로 올라가는 길 입구에 있었다. 앞마당에는 백년의 세월을 훌쩍 넘긴 큰 왕 벚꽃나무가 있었고, 그 왼편에 나이가 삼십년 쯤 된 감나무가 있었다. 동네에서 유일하게 울타리와 대문이 없던 우리 집은 감나무 옆으로 공원으로 올라가는 작은 오솔길이 나 있었다. 그 길로 윗동네에 사는 사람들이 오고가며 훤하게 들여다보이는 집 안을 보며 마당에서 쉬어가기도 하고, 동네부인들이 틈만 나면 소일거리를 들고 와 벚꽃나무 그늘에서 온종일 수다를 떨고 가기도 했다.

그러다가 윗동네에 집들이 한 집 두 집 생겨나고 멀리 돌아가는 오솔길을 두고 우리 집 마당을 가로질러 사람들이 다니기 시작했다. 그렇게 우리 집 마당이 길이 되고 그 길이 조금씩 넓어지더니 손수레가 다닐 수 있는 길이 되었고, 어느 날부터 차가 다니기 시작했다. 그렇게 동네 사람들이 모여 웃고 떠들며 서로 정을 나누던 우리 집 마당은 대로로 바뀌게 되었다.

전통 한옥이었던 우리 집은 방 세 칸에 부엌과 창고가 딸린, 방문을 열면 마루를 거쳐 마당에 내려설 수 있는 집 구조였지만 큰 길이 되어버린 마당에 담을 칠 수도 없어 마루를 뜯어내고 방과 부엌을 개조해 벽을 세우고 현관문을 달았다. 그렇게 사람과 사람을 이어주던 자리에 문이 세워지자 사람들의 발길이 점차 뜸해져 갔다.

도심의 유명 호텔 출입문에 휠체어를 탄 장애인이 끼어 오도 가도 못하다가 소방구급대가 출동해 휠체어를 해체 하고서야 회전문에서 빠져나왔다는 방송을 보았다. 그 이유는 국내외 유명 인사들이 드나드는 호텔에 장애인이 정문으로 출입하지 못하도록 회전문 크기를 줄였다는 것이다. 이 사실이 방송매체를 타고 보도되자 호텔 측은 출입문 옆 벨을

누르면 직원이 나와 건물 옆쪽에 나 있는 문을 열어 준다고 해명했다. 언제부턴가 도시의 높은 빌딩은 입구에서 통과 절차를 치러야 들어갈 수 있게 되었고, 부유층이 사는 고층 아파트는 비밀번호를 가져야 들어갈 수 있는 문이 되었다.

도시의 집들의 문은 모두 굳게 닫혀져 있다. 세상이 각박해지고 흉악한 범죄가 날로 증가하면서 원치 않은 불청객이 다녀갈까 문을 꼭꼭 걸고 사는 것이다. 큰 도로변에 있는 우리 집 대문은 닫혀 있는 날이 거의 없다. 주위에 관공서가 밀집해 있는 삼층 상가 건물인 우리 집은 길 위에서 스무 개의 계단을 내려와야 1층인 우리 집으로 들어올 수 있다. 처음엔 우리 집도 여느 집처럼 대문 빗장을 꼭꼭 채우고 살았다. 하지만 근처 관공서에 볼일 보러온 노인들이 찾는 것을 바로 눈앞에 두고도 종종 계단을 내려와 대문을 두드리는 까닭에 볼일도 보고 편하게 쉬었다가라고 낮 동안은 항상 대문을 열어 두고 있다.

문중에서도 가장 열기 힘든 문이 마음의 문이다. 몸은 열리기 쉬우나 몸을 붙들고 있는 마음은 쉽게 열리지 않는다. 마음엔 생각이라는 문이 있기 때문이다. 아버지와 나 사이에도 보이지 않는 문이 있었다. 매사에 꼼꼼하고 빈틈없는 성격인 아버지를 반도 안 닮은 나는 아무생각 없이 덤벙대다 종종 일을 치르곤 했다. 그때마다 아버지에게 훈계를 받고 나는 아버지와 보이지 않는 벽을 세웠다. 하지만 아버지는 얼마 가지 않아

내 문을 두드렸다. 아픈 기억이 오래 머물면 상처로 굳어지는 것을 잘 알고 있는 아버지는 조용히 다가와서 말을 건네셨다. 그럴 때 마다 난 약간의 반항 끼와 고집을 내세웠다. 그런 내 속마음을 훤하게 꿰뚫고 있는 아버지는 다정하게 나를 어루만져 주셨다. 작은 실수에도 엄하게 나무라시는 아버지의 문은 여닫을 때 비록 삐걱거리는 소리는 날지언정 그곳으로 통할 바들이 열리고 바들이 닫혔다.

문이 닫힌 곳이 벽이라면 벽이 열린 곳은 문이다. 문은 닫힌 공간을 열린 공간으로 이어주고 한 장소와 다른 장소를 연결하는 접점에 서 있다. 우리가 어머니의 자궁 문을 열고 이 세상에 나올 때부터 수많은 문들과 직면한다. 입학의 문, 졸업의 문, 취업의 문, 결혼의 문, 승진의 문 등 거쳐 가야 할 많은 문들이 우리 앞에 놓여 있다.

詩

문門

거친 세월 끌어안고 사시사철 변함없이
그 자리를 지키고 서 있는
저 낡은 문

저 대문처럼 날개 잃은
그 문을 나는 보았네

언제부턴가
물기 마른 꽃잎처럼
시든 어머니

나는 몰랐네
내가 향기로운 꽃봉오리 피워 올리는 동안
젊은 시간들을 내게 다 쏟고
점점 야위어져 간 어머니의 모습을

어머니의 일생

어머니는 평생을 시장에서 장사를 하셨다.

새벽 4시 통금 사이렌이 울리면 피곤에 지친 몸을 겨우 가누시며 일어나 채소를 이고 새벽시장으로 가셨다. 사업에 두 번이나 실패하고 오직 그림과 낚시에만 빠져 지내시는 아버지를 대신해 어머니는 우리 육남매의 가장이 되셨다.

어머니는 남해 작은 어촌 마을에 황 씨 집안의 구남매 중 뚤 째 딸로 태어났다. 음식 솜씨 좋은 외할머니를 닮아 손 끝 야무지고 농사일도 갯일도 잘해 이웃 마을까지 소문이 자자했다.

초혼에 실패한 아버지는 남해 하동 마을에 참한 색시 감이 있나는 소문을 듣고 친척분의 도움으로 어머니가 살고 계시는 곳까지 찾아가 어머니를 먼발치에서 보고, 장인 될 분에게 당신 딸을 아내로 삼고 싶다며 막무가내로 간청을 하게 된다. 아버지의 당당하고 사내다운 기상을 본 외할아버지께서는 그 자리에서 흔쾌히 승낙을 하게 되고 아버지는 그길로 집으로 돌아와 집안 어른에게 이 사실을 알리고 일주일 만에 어머니와 혼인을 하게 된다.

어머니는 시집을 와서야 손이 귀한 집안에 후사가 없어 아버지가 어머니에게 재 장가를 든 사실을 알게 되었고 시집 온 그 다음날 친정으로 돌아갔지만 한 번 출가한 자식은 집안에 들여놓을 수 없다는 외할아버지의 불호령에 다시 시집으로 쫓겨 오게 된다. 그렇게 시집에 돌아온 다음날부터 시어머니의 고된 시집살이는 시작되었고 많은 농사일과 집안일을 내 팽개치고 밖으로만 도는 한량인 아버지 때문에 늘 눈물이 마를 날이 없으셨다.

이 씨 집안에 시집온 어머니는 그 다음해 첫 딸을 낳으셨고 그 이듬해 건강한 아들을 낳으시면서 조금은 시어머니 구박은 나아졌지만 산후 몸조리도 제대로 하지 못하고 밭으로 들로 집안일과 고된 농사일로 시집살이를 하셨다.

큰 아들을 낳은 그해 여름 한국전쟁이 나고 갓 난 아이를 업고 인민군에게 쫓겨 밤에는 뒷산으로 낮에는 집으로 오고 가며 피난을 하다 유난히 긴 장마와 산속 토굴생활에 아이가 온 몸에 피부병에 걸려 어머니의 애간장을 태우기도 했다. 그러다가 경찰 공무원이던 시동생이 빨치산에게 잡혀 모진 고문을 당하다가 연합군의 인천상륙작전에 구사일생으로 살아남아 도저히 고향땅에서는 살고 싶은 마음이 없다고 하자 하나 밖에 없는 동생의 말에 아버지와 어머니는 있는 가산을 모두 정리해서 조상대대로 살았던 정든 고향땅을 떠나오게 되었다.

어머니는 통영에 이사를 오면서 시어머니가 부산 고모 집으로 가시자 고된 시집살이는 면하게 되었다. 그때 사회 물정 모르는 아버지는 벌목 사업과 부동산 투자를 하면서 사업자금 전부를 들고 달아난 동업자 때문에 가지고 있던 전 재산을 잃게 되면서 나와 동생이 태어난 목조식이 층집이 은행에 넘어가게 되자 살던 집에서 멀지 않은 언덕에 있는 마당 작은 집으로 이사를 하게 되고 어머니는 우리 가족을 부양하기 위해 시장으로 나가 장사를 하게 되었다.

어머니는 비가 오나 눈이오나 통금이 풀리는 새벽 4시면 자리에서 일어나 어두운 해안 길을 걸어 새벽시장으로 가셨다. 새벽바다를 헤치며 달려온 섬 배들이 싣고 온 미역, 김, 홍합, 조개, 굴 등과 채소를 좌판에 놓고 장사를 하셨다. 그렇게 새벽부터 오전까지 장사를 하고 팔다 남은 갯것들과 채소를 머리에 이고 지고 저녁장이 서는 시장으로 자리를 옮겨 해가 저물어 날이 깜깜해져도 남은 물건이 다 팔릴 때까지 시장에 계셨다. 꼭두새벽부터 늦은 저녁까지 시장에서 장사를 하고 돌아오신 어머니는 고단한 몸을 자리에 뉘이자 마자 곧바로 잠이 드시곤 했다.

어머니는 매일아침을 거르셨다. 당신을 위해 쓰는 한 푼의 돈도 아까워 죽 한 그릇, 밥 한 끼 사 드시지 않으셨다. 어머니는 그 흔한 화장품 하나 손수 사서 바르지 않으시고 비싼 치약 대신 늘 소금으로 양치질을 하셨다. 겨울이면 칼에 베이고 얼어터진 손마디의 통증 때문에 늘 고생

하셨다. 그렇게 한 푼 두 푼 모은 돈으로 시장 난전에서 쪼그려 앉아 장사를 하신지 10년 만에 그렇게 소원하시고 소망하신 작은 가게를 갖게 되셨다. 시장 초입에 가게를 장만한 그때 그날의 어머니의 얼굴은 온 세상을 다 가진 사람처럼 정말 행복해보였다.

내가 초등학교에 다닐 때에는 도시락을 싸 오지 못해 점심을 굶는 아이들이 많았지만 나는 단 한 번도 접심을 굶은 적이 없었다. 그러나 어머니는 제때 식사를 하지 않은 탓에 돌아가시는 날까지 속 쓰림과 소화불량에 시달려야만했다. 그런 어머니의 눈물과 한숨과 피땀은 고스란히 자식들의 밑거름이 되어 우리 육남매를 시집 장가보내고 제각기 살길을 열어 주신 덕분에 마음 편히 모두 잘 살고 있다.

어머니는 눈이 부시도록 하얀 피부와 다정한 목소리 따뜻한 정情이 넘치는 분이셨다. 젊었을 때 어머니의 가늘고 고운 손은 갯것을 다듬다 칼에 베이고 겨울철 바닷물에 얼어 터져 굳은살이 배이고 손가락은 뭉툭해져 온통 상처뿐이었다. 그 상처투성이인 거칠어진 손이었지만 어머니 손은 너무나 따뜻했다.

나는 어머니의 분에 넘치는 사랑을 받으며 자랐다. 어머니는 우리 육남매를 기르시며 단 한 번도 큰소리를 내지 않으셨다. 유난하게 정이 많으셨던 어머니는 당신보다 못한 이웃을 보시면 가진 것을 나누어 주셨다. 유난히 검고 긴 머리를 단정히 빗어 비녀를 꽂으셨던 어머니는 머리카락이 점점 희어지자 70평생을 길렀던 머리를 둘째 누님과 함께 미장원으로 가 짧게 자르시고 파머를 한 머리를 내만시시며 소녀처럼 부끄러워 하셨다.

오늘처럼 하염없이 비가 내리는 날이면 돌아가신 어머니 생각이 간절하다. 평생을 위장병과 심장병에 시달리시며 사셨던 어머니는 어버이날 다음날 새벽부터 시작한 비가 하염없이 내리는 저녁, 아버지께서 돌아가신지 꼭 1년 만에 뼈만 앙상하게 남은 모습으로 돌아가셨다. 생전에 비 오는 날을 무척이나 싫어 하셨던 어머니는 가신 날부터 사흘내리 비가 내렸다. 자나 깨나 자식 걱정 마를 날 없이 평생 고생만 하고 가신 어머니의 한恨 깊은 눈물이 아닌가 싶다.

어머니가 생전에 살아계실 때 고향집 대문을 들어서면 버선발로 달려나오시며 "밥은 먹었느냐. 아픈데 는 없느냐. 다투지 말고 살아라." 하시며 내 등을 다독거리며 쓸어내리시던 어머니 모습이 눈앞에 아른거린다. 살아생전 효도 한 번 못하고 진정 감사하다는 말 한마디 드리지 못한 채 어머니를 저 세상으로 떠나보낸 이 불효를 갚을 길이 없다.

어머니

조건 없는 사랑으로
다 퍼준 가슴에 여윈 바람만 남아
두 손 모은 간절한 기도가
자식의 행복과 희망이 되어
해바라기 꽃처럼 미소 짓는 어머니

물기마른 얼굴에
잃어버린 세월이
얼굴에 주름으로 쌓여만 가고
자식 향한 일념에

열심히 해라
노력하면 안 되는 일 없다
사랑으로 건네준 다정한 음성이
가슴속 뜨겁게 흐릅니다

어머니
부르기만 해도
입 안 가득 차오르는
커다란 기쁨

어머니 살이 내 살이 되고
어머니 사랑이 내 사랑이 되어
마음을 단장하고
어머니 샘물 같은 사랑

민들레 홀씨 되어 온 세상에
뿌리고 싶습니다

누 이

"내일 올 거지? 일찍 와, 늦지 말고."

둘째 누이의 전화다. 누이 셋 중에 내가 제일 좋아하고 어렵기도 한 둘째 누이는 고향 통영에서 살고 있다. 태어나서 단 한 번도 고향을 떠나 본 적이 없는 누이는 처녀 시절 작은 병원에서 근무하다 고향 사람인 매형을 만나 결혼해서 아들딸 남매를 낳고 아들이 결혼해서 손주를 둘이나 보았다. 누이는 대쪽 같은 아버지의 성품과 어머니의 정갈한 음식솜씨와 알뜰한 살림살이를 그대로 물려받았다. 집안에 먼지 하나 앉을 자리 없이 너무 깨끗하게 불고 털고 하면 못 산다고 부모님이 말을 했지만 깔끔한 누이의 성격은 고치질 못했다. 누이는 연로한 부모님 옆에 살면서 집안 대소사는 하나도 빠짐없이 다 챙기고 한 달에 한 번 꼴로 있는 제삿날에는 아침 일찍 친정으로 와 제사음식을 도왔다.

언젠가 누이들 중, 키가 제일 작은 누이에게 물었다.

"누이는 셋 중에 왜 키가 제일 작아요?"

"너하고 막내하고 내가 업어 키우느라 키가 못 자랐어."

"정말요?"

"그래, 엄마 장사 가고 나면 내가 밥 먹이고 귀저기 갈고 업어 키웠지, 큰 언니하고 선희는 공부하러 서울 가고 난 엄마 대신 살림을 맡아 너희들 업고 다니며 돌보느라 키가 크지 못했어."

누이의 말은 정말이었다. 사실 둘째 누이는 대학에 가지 못했다. 내가 중학 때 누이가 부엌에서 구슬피 우는 것을 본 적이 있었다. 자기도 친구들처럼 공부가 하고 싶다고 했다. 어머니는 당신 대신 살림을 하는 누이를 늘 안쓰럽게 생각하면서도 누이를 집 밖으로 내 놓지 못했다. 새벽 먼동이 터기 전에 시장으로 나가시던 어머니는 해가 저문 후에야 집으로 돌아오셨다. 종종 눈이 퉁퉁 부어 있는 누이에게 동생과 내가 초등학교에 들어 갈 때까지 집안 살림을 도우라고 했다. 내가 초등학교에 들어가자 누이는 시내 소아과 의원에 취직을 했다. 하지만 누이는 퇴근을 하면 곧장 집으로 와 집안일을 도왔다. 처녀티가 물씬 나는 나이가 되자 부지런 하고 손끝 야무진 누이를 누구나 다 탐을 내었다.

내가 중학에 들어가고 겨울이 막 시작되던 어느 날, 학교에서 돌아오니 안방에 젊은 남자가 아버지와 이야기를 나누고 있었다. 아버지는 나를 앉혀 놓고 앞에 있는 남자를 앞으로 형이라 부르라고 했다. 나는 한참 후에 그 남자가 누이와 결혼할 사람인 것을 알았다. 아침이면 자신이 근무하는 한약방 앞을 지나가는 누이를 눈여겨 본 매형은 누이를 마음속에 점찍어 두고 있었다.

매형 될 남자가 집에 다녀가자 그 다음날 누이는 형님 앞에 무릎을 꿇고 용서를 빌었다. 큰형님은 처녀가 조신하지 못하고 부모가 정해주는 사람과 결혼하지 않고 남부끄럽게 연애하고 다닌다며 누이를 혼을 내고 있었다. 누이는 아무 말 못하고 눈물만 흘리고 있었다.

우리 형제자매는 인자하신 부모님 대신 우리를 늘 훈계하는 큰 형님을 무서워했다. 큰형님은 우리가 사소한 잘못이라도 저지르면 아버지가 집을 비우는 날이면 우리를 불러 앉혀 놓고 매로 다스렸다. 우리 모두는 아버지가 외출하시면 슬그머니 집을 빠져 나갔다가 동네 어귀에서 서성이다가 아버지가 돌아오시면 집으로 들어왔다.

누이는 그 다음 해 봄에 사내 조카를 낳았다. 집에서 할머니가 손자를 받았다. 매형은 다니던 한약방을 나와 독립을 했다. 누이는 아들을 낳은 그 다음 해 딸을 낳았다. 사내를 낳고는 개업한 한약방이 잘 되지 않아 누이는 아이를 업고 돈이 되는 일들을 닥치는 대로 했다. 시장에서 부인옷가게를 하기도 하고 잉꼬와 십자매 등 여러 종류의 새들을 키우기도 했다. 그러다가 그 다음해 딸을 낳자 모든 일이 순조롭게 술술 풀렸다. 매형의 한약방은 병원에서 고치기 힘들다는 불치병도 낫게 한다는 소문이 나자 손님이 끊이질 않았다. 한약방은 개업 한 지 이 년이 채 되지 않아 시내 중심가로 확장 이전을 했다. 결혼식도 올리지 않고 사는 동생을 늘 못 마땅하게 여기던 형님도 누이가 지극정성으로 부모님을 보살피자 지난 일은 모두 잊으라며 가족이 모두 있는 자리에서 사과를 했다.

우리 형제들과 부모님은 한약방을 하는 사위 덕에 몸에 좋다는 약은 물론이고 약한 고뿔만 걸려도 한약을 먹었다. 어릴 때부터 청진기를 장난감처럼 가지고 놀던 조카는 매형의 가업을 이어 받아 대학에서 한의학을 공부해 졸업 후 몇 년간의 수련을 거쳐 지금 고향에서 자신의 부친과 한의원을 함께 운영하고 있다.

부모님 살아생전에 아들 노릇 변변히 하지 못한 나를 누이는 늘 나무란다. 명절이나 부모님 기일이 돌아오면 고향에 꼭 다녀가라며 신신당부를 하는 둘째누이는 내가 제일 좋아하고 가장 어렵게 생각하는 사람이지만 나에게는 엄마 같은 존재이다.

목련화

흐르는 세월 그리움 되어
소녀 같은 순수로
눈물같이 피는 꽃

긴 긴 목 틀어 올리며
푸른 하늘 향해
정성스레 꽃 피었네

맑은 향
고운 사랑이야기
생명처럼 지니고

송이송이
맑음으로 피워내며
일편단심 고이 간직한

순박한 사랑

영혼보다 더 맑은

오월을 간직한 내 누이 꽃

아내의 기도

아내는 나와 아이가 곤히 잠든 효명曉明이 밝아오는 이른 새벽에 일어나 옛날 할머니와 어머니가 그랬던 것처럼 조상님 전 치성致誠으로 기원을 올린다.

어머니의 기도는 시집 온 다음날부터 시작되었다.

이 씨 집안의 맏며느리로 들어온 어머니는 시어머니의 모진 시집살이를 견디며 많은 농사와 집안에 딸린 많은 일꾼과 식솔들을 홀로 다 챙겨야 했고 한 번 일본으로 가시면 반 년 만에 혹은 일 년 만에 집으로 돌아오시는 시아버지를 위해 매일같이 시어머니와 첫 닭이 울기 전 새벽 기도를 올려야만 했다.

해방이 되던 해 할아버지께서 일본에서 돌아가시고 다섯 해 후 한국

전쟁이 나면서 경찰공무원이던 삼촌이 인민군에게 끌려가 모진 고문을 받다 인천상륙작전이 벌어진 그 다음날 극적으로 살아남게 되자 이곳에선 지난 일들이 되살아나 도저히 살 수가 없다는 삼촌의 말에 조상대대로 터전을 일구어온 고향을 떠나오게 되면서 삼촌과 부모님은 통영으로 이사를 오게 되고 할머니는 부산 큰 고모 집으로 가셨다. 할머니는 부산의 큰 딸 집에서 지내시다 어머니가 나를 낳고 몇 년 후 막내를 낳자 할머니는 우리 집으로 오셨다. 할머니는 우리 집으로 오신 다음날부터 이른 새벽에 장독대에 정화수를 떠 놓고 지극 정성으로 조상님께 기원을 올리셨다.

내가 중학을 졸업하던 해, 둘째 누이는 시집간 지 일 년 만에 사내아이를 낳았다. 우리 집에서 이태에 걸쳐 아이 둘을 순산을 한 누이는 시장에 장사 나가시는 어머니 대신 할머니의 산후 뒷바라지를 받고 네 이레를 보낸 후에 자기 집으로 갔다.

증손자가 태어난 그 다음해 증손녀가 태어나자 할머니의 기도는 증손자의 건강과 매형이 하는 한약방이 잘 되게 해 달라는 기도로 이어졌다. 할머니의 기도가 시작되고 얼마 지나지 않아 매형의 한약방은 날이 갈수록 손님들로 넘쳐났다. 둘째가 태어난 지 일 년이 채 못 되어서 변두리에 있던 매형의 한약방은 시내 번화가로 이전을 했다. 할머니의 영검한 기도에 감복한 매형은 매일 밤마다 퇴근길에 할머니가 좋아하는 과일과 과자봉지를 들고 와서 돈 봉투와 함께 할머니 방에 두고 갔다.

내가 스무 한 살이 되던 해 봄, 심한 몸살감기에 걸려 며칠째 자리에

만 누워 계시던 할머니는 아침을 먹고 집을 나서는 나를 대문까지 배웅하시며 '잘 다녀오너라.' 는 한 마디 말만을 남기시고 해가 정오에 이르렀을 때 안방에서 그림 그리는 아버지 곁에서 잠자듯 조용히 눈을 감으셨다.

할머니가 돌아가시고 난후 어머니의 기도는 다시 시작되었다.

어머니는 새벽 네 시가 되면 피곤에 지친 몸을 가누시며 자리에서 일어나 몸을 정갈하게 하고 부엌 선반위에 정화수를 떠 놓고 정성어린 기도를 하셨다.

어릴 적 무척 병약했던 나는 중학에 들어가고 나서부터 몰라보게 몸이 좋아져 갔다. 그것은 모두 다 어머니의 간절한 기원과 눈물 어린 보살핌 때문이기도 하다. 지금까지 우리 가족 모두 건강하게 잘 살아올 수 있었던 것은 오직 한 가지 일념으로 가족의 안녕과 행복을 소원한 할머니와 어머니의 간절한 기원 때문이다.

아내의 기도는 할머니, 어머니의 기도와 같이 영험靈驗 했다.

아내를 만나 지금까지 살아오면서 내가 하는 일, 내가 하고자 하는 일은 단 한 번의 실패도 시련도 없었던 것을 보면 아내의 기도가 얼마나 지극한 것임을 알 수가 있다. 손이 귀한 집안에 시집와서 아이가 생겨나지 않아 "사내아이를 낳지 못하면 우리 집안에서 나가라" 는 시아버지의 불호령에 가시방석에 앉은 듯 늘 가슴을 졸여야만 했다. 나와 산지 8년 만에 얻은 아들을 안고 시집으로 갔을 때, 시아버지의 너무나 기뻐하시는 모습을 보고 그 동안 말로 다 하지 못했던 서러움으로 눈물을 펑펑 쏟아냈다. 두 번이나 유산을 하고 몸이 약해 더 이상 아이를 가질 수 없다는 의사의 진단에 아이를 갖기 위해 동분서주 하며 지성으로 기도를 올리던 아내의 그때 모습이 생생하다.

내가 올 해 초 새로운 희망과 계획을 세우자 아내는 주방 선반 위에 명수明水를 올려놓고 치성致誠이 깃든 기도를 시작했다.

〔2011. 『남강문학』〕

생 일

아내는 꼭두새벽부터
집 안 밖을 환하게 불을 밝혀 놓고
미역국을 끓이고
팥 시루떡을 찌고
갖가지 나물을 무쳐서
울긋불긋 고명을 올린 생선과
전과 고기산적을 가득 담아
상을 차려
조상님 전 기원을 올린다.

우리 아이 아버지
올 한 해 동안 아무 일 없도록 보살펴 주셔서
조상님께 감사드립니다.
내년에도
하는 일
소원하는 일마다
모두 이룰 수 있도록

詩

도와주시고
우리 가족 모두 건강할 수 있도록 보살펴주십시오.

자신이 옳다하는 일은 꺾지 않는
빈틈없는 성격 때문에
때로는 마음 다치는 일도 다반사지만
이 씨 집안에 시집와
오직 남편과 아이를 위해 산 세월
후회도 원망도 없습니다.
남편과 아이를 위해서라면
이 한 몸 부서진다 해도 여한이 없습니다.
부디 저의 작은 소망을 들어주시고
우리 가족 모두 행복하게
잘살 수 있도록 도와주십시오.

정작 자신의 생일날에는
미역국을 끓이지 않는 아내
생일상 마주 앉은 자리
가만히 내민 선물 꾸러미 속에는
편한 잠자리 들라며
무지개무늬 숙변 양말 두 켤레가 들이 있다.

목욕 가는 날

"목욕가자."

아이는 목욕가자는 말에 시큰둥해져 내 눈치만 보고 있다가 목욕하고 자장면 사 준다는 말에 금 새 표정이 환해지며 앞장을 선다. 내가 어릴 적엔 초등학교 이 학년 때 까지 어머니의 손에 이끌려 대중목욕탕에 갔었다. 그때만 해도 요즘처럼 집에 샤워 시설을 갖춘 욕실이 없었던 까닭에 열흘에 한 번, 혹은 한 달에 두 번, 동네목욕탕으로 목욕하러 가는 것이 월 중 행사로 정해져 있었다. 입구에서 간혹 몇 살이냐는 목욕탕 주인의 물음에 아직 초등학교에 들어가지 않았다는 어머니 대답에 나는 여탕에 들어 갈 수 있었다. 그러던 어느 날 온탕에서 몸을 불리고 나와 대야에 물을 담아 놀이를 하고 있을 때, 몸이 뚱뚱한 중년의 아주머니가 앞을 가리지 않은 채 탕 안으로 들이 왔다.

"엄마, 저 아줌마 저기에 머리카락이 무지하게 많아요."

내가 아주머니의 중요한 부분에 무성히 나 있는 그 곳을 손가락으로 가리키며 말하자 어머니는 조용히 하라며 내 등을 사정없이 후려치며 한손으로 입을 막았다. 내가 외마디 비명을 지르며 바닥에 뒹굴며 울음을 터트리자 탕 안에 있던 사람들은 갑작스런 울음소리에 다 큰 사내아이를 여탕에 데려 왔다며 모두 한 마디씩 했다. 어머니는 몸을 다 씻지도 못한 채 나를 데리고 황급히 그 자리를 피해 나왔다. 그날 이후부터 난 어머니를 따라 여탕에 가지 않아도 되었다.

"목욕 가자."
"내일 가면 안 돼요?"
"오늘은 왜?"
"그냥요. 내일 가요, 아빠!"
"그럼, 아빠 혼자 간다."
"그러세요."
"그래? 이제부터 너 데리고 안 다닌다."
"진짜예요?"
"그래, 다음부터 엄마하고 같이 가라."
"그럼, 목욕하고 자장면 사 줄 거예요?"
"아빠는 자장면 먹기 싫은데."
"그럼, 안 갈래요."
"정말이지? 엄마하고 여탕에 가든지 알아서 해라."
목욕을 마치고 중국집 앞을 그냥 지나 쳐 오자

눈치만 보고 뒤따라오던 아이
울음 섞인 목소리로
"아빠는 짬뽕 먹으면 되잖아요!"
-(목욕 1) 전문

남자는 누구나 결혼을 하고 아이를 낳고 그 아이가 자라 함께 목욕탕에 가는 것이 소박한 꿈일 것이다. 손이 귀한 집안에 셋 째 아들로 태어난 나는 부족한 것 없이 내가 하고 싶은 것 갖고 싶은 것은 모두 다 내 마음대로 하며 자랐다. 그런 나였기에 자식도 내 마음대로 되리라 생각했지만 자식을 갖는 것은 내 뜻대로 되지 않았다. 주위의 친구들은 다들 아들 한 둘씩은 있었지만 난 딸만 하나 둔 채 자나 깨나 늘 마음속으로 아들을 소원했다.

동네에서나 거리에서 다정히 손을 잡고 걸어가는 부자父子의 모습을 보면 나는 가던 걸음을 멈추고 한참을 바라보곤 했다. 그렇게 아들을 오매불망하던 내게 아내는 결혼 한 지 8년 만에 귀한 아들을 안겨주었다. 내 나이 사십이 넘어 꿈에도 그리던 사내아이를 낳은 날 하늘을 날 것 같았던 그때의 그 심정은 겪어 보지 않은 사람은 아마 모를 것이다.

아이가 돌이 지나고 내가 대중목욕탕에 아이를 데리고 가려고 했을 때, 아내는 아이가 아직 어려 위험하다며 나를 극구 말렸다. 난 아이가 네 살이 되던 해 비로소 아이를 데리고 목욕탕에 갈 수 있었다. 어느 날 목욕을 다녀 온 아내는 문득 나에게 다음부터는 아이를 데리고 가도 좋다고 했다. 후일 아내가 내게 털어놓는 말에 내가 어릴 적 목욕탕에서 있었던 일이 생각나 저녁을 먹다 말고 웃음보가 터져 한참동안 배를 잡고 방바닥을 데굴데굴 굴렀다.

여느 때와 같이 아이를 목욕탕에 데리고 간 아내는 물을 좋아하는 아이를 대야에 물을 담아 놀게 하고 몸을 씻고 있을 때,

"와! 커다. 궁둥이, 씨씨도 커다!"

소리를 지르는 아이의 말에 말없이 노려보는 중년여인의 따가운 눈초리에 아내는 얼굴도 못 들고 있다가 목욕탕을 빠져 나왔다고 했다.

옛날 우리 집에는 편백나무로 된 둥근 목욕통이 있었다. 부엌 뒷문 한편에 놓아둔 그 목욕통은 어른 한사람이 들어갈 수 있는 크기로 아버지의 전용 욕조였다. 옛날 아버지는 우리 동네에 대중목욕탕이 처음으로 생기자 목욕을 하러 갔다가 옴이라는 피부병에 걸려 한동안 고생을 하셨다. 요즘처럼 샤워시설도 제대로 갖추지 않은 목욕탕에서 온탕에서 몸을 불리고 난 뒤, 탕 가운데 있는 둥근 물통을 두고 빙 둘러앉아 대야로 물을 퍼서 몸을 씻고 돌아온 그날 밤, 온몸이 가렵고 긁은 데마다 물집이 생겨 오랫동안 고생을 하시고 난 이후로는 두 번 다시 대중목욕탕에는 가지 않으셨다.

평소 자주 목욕 하는 것을 좋아하지 않으셨던 아버지는 유난히 깔끔한 어머니의 성화에 못 이겨 한 겨울에도 사흘이 멀다 하고 목욕을 하셨다. 고집이 세고 가부장적인 아버지에게 무언無言의 복종으로 참고 사셨던 어머니는 아버지가 목욕하는 날은 팔에 온 힘을 모아 아버지 몸을 씻기셨고 아버지가 고통에 신음하시는 것을 보며 아버지에게서 받은 스

트레스를 푸셨다. 처녀 때 가냘팠던 어머니는 농사일과 장사로 근력이 붙어 팔 힘이 좋아 우리 형제들도 어머니에게 등을 밀지 않으려고 뒷걸음질을 쳤다.

아내를 만나 결혼을 하고 처음으로 설을 쇠기 위해 고향집으로 갔을 때, 먼동이 터오기 전 이른 새벽에 목욕가자는 시어머니 말에 말없이 어머니를 따라 나섰던 아내는 목욕을 하고 벌겋게 부어오른 등 때문에 며칠 동안 제대로 잠을 이루지 못 했다. 아무런 영문도 모른 채 시어머니에게 등을 맡긴 아내는 말 한 마디 하지 못하고 목욕을 하고 돌아와 벌겋게 부어 오른 등을 내게 보이며 아픔을 호소했다. 그 일이 있고 난 후 아내는 두 번 다시 어머니와 목욕탕에 가지 않았다.

우리 동네
마음씨 좋고
인사성 밝은
목욕탕 집 아저씨
언제나 목욕탕 입구에 서서
오는 사람
가는 사람
반갑게 맞아주네

우리 동네
그 목욕탕에 한 번 가 본 사람은
늘 좋고

친절한 아저씨에게 반해
단골이 되고 말아

우리 아이
걸음마 배우자마자
목욕탕 처음 갔을 때
허 허,
뉘 집 아들인지 참 잘 생겼다,
나중 큰 인물 되겠다, 하시며
정답게 손잡아 주시던
목욕탕 집 아저씨

우리 아이 자라
초등학교에 갓 들어갔을 때
허 허,
네가 걸음마 배울 때가
엊그제 같은데
벌써 초등학교에 들어가다니
고맙다,
고맙다,
잘 커줘서.
자기 손자 마냥
먹을 것 손에 꼭 쥐어 주시며
기뻐하셨네

이제 훌쩍 자라
중학생이 된 아이보고
허 허,
네가 참으로 많이 컸구나.
세월 참 빠르다.
널 보니 내 나이 먹는 것을
모르고 살았구나.
고맙다,
고맙다,
잘 자라줘서.
먼발치에서도
반가운 목소리로
정답게 맞아주시는
우리 동네 목욕탕 집 아저씨

-〔우리 동네 목욕탕 집 아저씨〕전문

내가 지금 사는 동네에 이사 오고 이십년 가까이 단골인 목욕탕 집 아저씨는 예전이나 지금이나 변함이 없다. 내가 자전거를 타고 목욕탕 앞을 지나칠 때나 목욕을 갈 때도 언제나 목욕탕 입구에 서서 저만치에서 오는 나를 보고 큰 목소리로 먼저 인사를 건넨다. 아이가 초등학교에 막 들어갔을 때는,

"일학년, 일학년, 어서오너라." 하시다가 아이가 한 학년씩 높아지면, "이학년, 삼학년." 하고 부르셨다. 어느새 훌쩍 자란 아이가 중학생이 된 걸 보고,

"아이고, 세월 참 빠르다. 초등학교 일학년, 일학년 하고 불렀던 때가 엊그제 같은데 네가 벌써 중학생이 되다니 참으로 세월 빠르다."

하시며 기뻐하는 아저씨의 활짝 웃는 얼굴 뒤에는 정情이 듬뿍 담겨있다. 내가 이 동네에 이사 오고 난후 주변에 건물들이 새로 많이 들어서고 최신식 사우나 시설을 갖춘 찜실방과 목욕탕들이 생겨났지만 굳이 이곳 목욕탕만을 찾는 이유 중 하나가 인정 많고 인사성 밝은 목욕탕 주인아저씨 때문이기도 하다.

목욕가기 싫어 종종 고집을 부리던 아이는 이제 목욕 가방을 챙겨 앞장서서 나를 재촉하고 그렇게 좋아하던 자장면도 모 방송 프로에서 저질 기름으로 만드는 것을 보고는 먹으러 가자고 하지 않는다. 어느 새 훌쩍 자라 중학생이 된 아이는 제법 팔 힘이 세져 내 등을 밀어주며 나와 함께 목욕 다니는 것을 좋아한다.

어릴 적 아버지와 단 한 번도 대중목욕탕에 가 본 적이 없는 나로서는 아들과 함께 주말이면 목욕을 가는 것이 큰 즐거움이다. 이제 키도 몸도 훌쩍 자란 아이가 대견스럽기도 하고 주위에서 잘난 아들을 두었다며 부러운 눈길을 보낼 때면 나도 모르게 어깨가 으쓱해진다. 친구들은 며느리 본다. 손자를 본다. 행복한 말들을 하지만 어느새 의젓하게 자란 아들을 둔 나는 친구들이 하나도 부럽지가 않다.

〔12.06. 시와 수필〕.

목 욕·2

"목욕 가자."

"네, 알았어요. 목욕 하고 자장면 먹고 와야지. 야자!"

"뭐 하냐? 얼른 안 들어오고?"

"안 뜨거워요?"

"뜨뜻한 게 좋다."

"왜? 뜨겁니?

"안……, 뜨거워요."

"이제 씻자."

"등 밀어주세요."

"돌아앉아라."

"때 많이 나와요?"

"조금 나온다."

"아빠도 밀어 줄까요?"

"그래라."

"와, 이이쿠."

"왜?"

"엄청나요!"

"뭐가?"

"해도 너무했다. 내 몸 전체에서 나온 것 보다 더 많아요."

목욕을 하고 자장면 한 그릇 후딱 해치우고 나서

앞장서서 콧노래 흥얼거리며 집에 들어서자마자 떠나갈 듯 큰 소리로,

"엄마! 아빠 병원에 가야 해요."

"왜? 아빠 어디 다쳤니?"

"말도 마세요. 얼마나 때가 많이 나오던지. 수술해야겠어요."

카레 이야기

현관문을 들어서자 온 집안에 카레 냄새가 가득하다. 나도 모르게 입안 가득 군침이 돈다. 뜨거운 밥에 카레를 끼얹어 한 입 먹으니 입가 가득 저절로 행복한 미소가 흐른다.

나는 중학시절 난생 처음 먹어 보았던 그 카레 맛을 잊지 못한다. 내가 중학에 들어가고 처음 맞는 여름방학 때였다. 집 떠나 서울로 유학 갔던 큰 누이가 여름방학이 되자 집으로 내려왔다. 누이는 오늘 저녁 맛있는 요리를 해 주겠노라 기대를 해도 좋다는 큰소리를 치고 요리를 시작했다. 한참 만에 밥상에 둘러앉은 식구들은 처음 보는 음식에 선뜻 숟가락을 가져가지 못하고 있었다. 누이는 한 번 먹어보면 그 맛을 알 수 있을 거라고 먹어보기를 재촉했지만 다들 고약 냄새 같이 풍기는 카레를 입에 대지 못하고 있었다. 한빈만 맛을 보라는 누이의 말에 나는 카레를 조금 떠서 입으로 가져갔다. 입안에서 강하게 풍기는 특유의 강 황 냄새에 구역질이 났다. 식구들도 이게 무슨 맛이냐며 숟가락을 들지 않았다. 이 모습을 보고 있던 누이는 이 음식은 인도 사람들이 주식으로 먹는 커리라는 음식인데 카레의 주재료인 강 황이라는 열매에 두뇌를 좋게 하는 성분이 들어 있다는 사실에 영국 사람들이 인도의 식민지 때 요리법을 배워 지금은 인도 사람들보다 더 카레를 좋아한다고 했다.

나는 머리가 좋아진다는 누이의 말에 카레를 조금 떠서 입으로 가져갔다. 겨우 구역질을 참고 삼키 고나니 입 안에 침이 흥건했다. 카레 속 돼지고기, 당근, 호박이 어우러진 점차 오묘한 맛이 느껴졌다. 누이가 시키는 대로 밥 위에다 카레를 끼얹어 조금씩 떠먹었다. 나는 점점 카레 맛에 매료되어 갔다. 순식간에 한 그릇을 비우고 나자 신기한 듯 내 모습을 보고 있던 식구들도 이윽고 카레를 먹기 시작했다.

우리가 카레라고 부르는 커리curry는 인도의 고대부터 내려오는 전통 음식으로 혼합 향신료를 넣어 만든 음식을 총칭하는 말이다. 카레는 겨자 씨, 강황, 커민, 계피, 고추, 후추 등의 향신료를 넣어 만든다. 향기롭고 맛있다"는 뜻을 가진 카레는 옛날 영국의 식민지였던 인도에서 영국과 네덜란드로 전해졌으며, 영국에서 일본으로 전해지면서 커리는 일본식 발음인 '카레カレ'로 불렸으며, 밥 위에 끼얹어 먹는 '카레라이스'가 되었다.

유럽의 여러 나라와 일본, 우리나라, 동남아시아 등에도 커리가 전해졌지만 재료 수급의 어려움으로 인도에서 사용하는 다양한 향신료의 맛을 그대로 살리기보다는 각 나라의 현실에 맞게 현지 화되면서 인도 본토와는 다른 커리로 발달하게 되었다. 커리는 정해진 요리법이 따로 없으며 어떤 배합의 마살라를 이용하느냐에 따라 커리의 맛과 향, 매운 정도가 결정된다.

그날 이후 난생 처음 맛본 카레 맛을 잊지 못하고 큰누이가 집으로 내려오는 날이면 누이를 졸라 카레를 먹었다. 그러다가 누이가 강원도로 시집을 가고 난 후부터는 카레를 더 이상 먹지 못했다. 음식솜씨가 좋으셨던 어머니께서는 강 황의 역한 냄새가 싫다 시며 카레를 해 주시지 않으셨다. 난 카레가 생각나면 카레라이스를 파는 양 분식 식당을 찾아가곤 했다. 집사람도 요리엔 일가견이 있지만 처음 나를 만나 살 때만 해도 카레를 잘 만들지 못했다. 카레가루를 너무 많이 넣거나 야채를 많이 넣어 빽빽해진 죽처럼 되거나 재료를 적게 넣어 국처럼 되어서 옛날 먹었던 그 맛이 아니었다. 그랬던 것이 지금은 어느 고급식당에서 만든 카레보다도 아내가 해 주는 카레가 더 맛이 있다. 일주일에 한 번, 우리집 식단에 카레가 올라오는 날에는 바깥에서 사람을 만나 식사를 할 경우가 생겨도 마다하고 집으로 들어와 밥을 먹을 정도로 카레 애호가가 되었다.

요즘에는 카레의 요리법도 다양해져 마시는 음료수에 강 황가루를 넣거나 빵, 햄버거, 피자, 떡볶이, 닭요리나 각종 면류에도 첨가한 음식들로 넘쳐나고 있다. 얼마 진에는 카레가 알코올성 간 손상을 억제하는 효

과가 있다고 모 대학 교수가 논문을 발표하기도 했다. 술을 마시고난 뒷날 북엇국이나 콩나물국을 먹는 우리에겐 다소 생소한 말로 들리지만 카레의 주재료인 계피에 지방간을 형성을 막고 간을 보호하는 성분이 들어있어 해장에 도움을 준다고 한다.

이제 카레는 전 국민이 좋아하는 식품이 됐지만 카레를 파는 식당이 많이 없던 시절, 카레가 생각날 때면 인스턴트식품을 사서 먹기도 했다. 이십대 후반에 고향에서 직장에 다닐 때 회사 사장 부인이 내가 카레를 좋아한다는 사실을 알고 가끔 나를 집으로 불러 카레를 먹긴 했지만 지금 아내를 만나 살기 전까지만 해도 카레를 자주 먹지 못했었다.

아내가 해 주는 카레를 최고로 치는 나는 육 고기를 넣은 카레보다는 해물을 넣은 카레를 더 좋아한다. 소고기나 돼지고기를 넣은 카레는 느끼한 뒤 끝이 있지만 당근, 호박, 파 등 해물을 넣은 카레는 담백하다. 나보다 카레를 더 좋아하는 아들은 매번 엄마에게 카레를 많이 해 달라고 해서 삼시 세끼 카레를 먹고도 또 다음날을 기다린다.

온 집안에 풍겨오는 카레의 향에 입안에 절로 군침이 돈다. 뜨거운 밥에 카레를 끼얹어 먹는 생각만 해도 어느새 마음이 행복해져 온다.

자작나무의 사랑·2

당신이 나 보다 더 많이 나를 사랑하나 봅니다
무심결 뱉어버린 말 한 마디에
말없이 돌아 앉아 눈물짓다가
밤새 끙끙 앓는 소리 내는 것을 보면

꽃이 피고지고 아름답던 날들은
소리 없이 흘러만 가고
뜨거웠던 사랑도 그 숱한 열정도
모두 타버리고
작은 불씨 하나 남은 채로
당신은 내 곁에
그저 말없이 있는 존재로 나를 바라보고 있습니다

나는 당신이 나를 사랑하는 것보다
당신을 적게 사랑하나 봅니다
저 하늘보다도 더 높게

詩

저 바다보다도 더 깊이
당신을 사랑하면서도
때로는
화난 표정으로
불만 섞인 말로
당신의 심장을 찌르고
잔잔한 눈물 호수 둑
무너뜨려 놓고 마는 것을 보면

당신의 사랑은
그루터기만 남은 빈 밑 둥에
다시 싹이 돋아나
무수한 가지를 뻗어
그늘을 내어주고
또 다시 온 몸을 송두리째 내어 주는
자작나무와 닮았습니다

투명인간

"자기야!"

잠결에 내가 부르는 소리에 놀라 잠에서 깨어났다. 달리는 차의 소음소리에 정신을 차리고 창밖을 보니 심야버스는 대전을 막 통과하고 있었다. 내가 지른 소리에 놀란 건너편 자석에 앉아 있던 중년의 아저씨는 헛기침을 하며 몸을 돌려 눈을 감고, 뒤 자석의 부부는 귓속말로 말을 주고받다가 내가 몸을 뒤척이자 잠잠해졌다. 모임에서 사람들이 한 잔씩 권한 술이 버스 안 히터에서 뿜어져 나오는 열기에 한껏 발산을 하며 머리를 지끈거리게 했다.

나는 약간의 소심함과 대범함을 갖고 있지만 늘 긍정적인 마음과 낙천적인 성격으로 거의 스트레스를 받지 않고 살고 있다. 난 두 번의 실패와 세 번째 담배를 끊었지만 담배와 술을 남들보다 늦게 배웠다. 처음에는 소주 한잔에도 술이 취해 비틀거렸다. 내가 처음 사업이라고 사무실을 열어 놓자 얼마 가지 않아 학교동창, 친구, 선후배들은 날 하루도 그냥 두지 않고 모임이다 뭐다 해서 술자리에 나를 불러냈다. 매일같이 반복되는 술자리에 일 년이 채 못 되어 난 누구나 다 아는 술꾼이 다 되어 있었고, 담배를 술안주처럼 피우다 나도 모르게 골초가 되어 있었다.

내가 한창 술을 많이 마시던 삼십대부터 코골이와 잠꼬대는 시작되었다. 평소 남 한데는 싫은 소리 한마디 못하는 성격인 나는 잠을 자면서 그 말들을 다 쏟아내었다. 내 잠꼬대는 말다툼을 했던 일, 기분 나빴던 일들과 하루 동안 누구를 만나고 누구와 함께 있었는지 전부 다 말해버리고 심지어는 잠꼬대를 하면서 묻는 말에도 어김없이 대답을 해서 나의 모든 비밀을 발설해버려 종종 곤욕을 치루기도 한다.

누군가가 나를 내려다보고 있다는 느낌에 눈을 뜨니 아내가 얼굴 가득 웃음을 띠우며 나를 내려다보고 있었다.

"사랑해."

"정말요?"

"자기 숨 쉬는 만큼."

"밤새 자기 때문에 난 한숨도 못 잤어요."

"내가 자기 귀찮게 했나?"

"그건 아니고……, 자기가 밤새 날 보고 사랑한다고 말하는 통에 대납하느라 잠을 못 잤어요."

"딴 이야기는?"

"미워요. 자면서 딴 사람 이름을 부르고……."

"내가? 아니야, 자기가 잘 못 들었겠지."

이렇듯 잠꼬대 때문에 난 나의 모든 행적이 모두 들통 나는 바람에 고역을 치르는 일이 한 두 번이 아니다.

난 꿈을 자주 꾸는 편이다. 보고 싶은 사람이나 간절한 무언가가 생기면 나는 그날 밤 어김없이 꿈을 꾼다. 아주 오래된 희미한 기억속의 사람일지라도 마치 어제의 일처럼 생생하게 나타난다. 그리고 내가 마음에 두고 있는 여인이면 꿈속에서 만나 사랑을 한다.

내 꿈 대부분은 여인들과 사랑하는 꿈인데 아름다운 꽃길을 걷는 꿈을 꾸기도 하지만 밤새 여인을 쫓아 다니며 이름을 부르다 꿈에서 깨어나기도 하고, 생전 얼굴 한 번 보지 못한 여인과 사랑을 나누는 꿈을 꾸기도 한다.

내가 사춘기 소년처럼 거의 매일같이 환상의 꿈을 꾸는 것을 보면 내 몸에선 아직도 왕성한 호르몬 분비가 되고 있기 때문일 것이라는 생각이 든다.

사랑의 힘은
불행한 사람을 행복하게 하고
슬픈 사람을 기쁘게 한다

꽃잎 사랑

넌 내꺼야
여자가 깔깔 웃는다
너를 처음 본 순간부터
점찍어 두었지

선한 눈매
연분홍 빛 얼굴
봉긋한 젖무덤
아래 이가 보일 듯 말듯
붉은 입술에
잘록한 허리
걸을 때마다
요동치는 엉덩이
널 내 여자로 만들 거라는 것을

너와 함께 행복에 젖어들이

창으로 들어오는 아침 햇살에
살며시 눈을 뜨면
지난밤 행복했던 기억에
입가 가득 미소를 머금고
내 입술에 입 맞추고
넌 종달새처럼 지저 길 테지

사랑은

사랑으로 태어나

사랑을 느끼며

사랑의 꽃을 피운다

사랑은

사랑으로 인해

아름다운 꽃을 피우는 것이니

이 세상의 어떤 것보다도 우선이다

4부

사랑은 가슴으로 안을 때 진정한 행복이 된다

두 번째 아내 생일

저녁밥을 먹고 거실에 앉아 차츰 따뜻해져 오는 방바닥의 온기를 느끼며 책을 읽고 있을 때 조용히 다가 온 아이가 앞에 바짝 다가앉으며 물었다.

"아빠! 생일 선물 뭐 사 드릴까요?"

"선물? 음……, 신발 사 줄래?"

"신발 요? 얼마 정도 하는데요?"

"지난번 구두 가게 앞을 지나다가 맘에 들어 물어 봤는데 십 이 만원이라고 종업원이 말하기에 그냥 왔단다. 근데 돈은 있니?"

"와! 그렇게 비싸요? 그건 안 되겠고……, 근사한 볼펜 사 드릴게요."

"볼펜? 신발 사 주지 않으려면 그냥 둬라."

"돈이 없는데 어떡해요?"

"돈? 벌면 되지."

"제가요?"

"신문배달이나 우유배달 한 달 하면 아빠 신발 사고도 남겠다."

"어리다고 안 시켜줄 건데……."

아이는 말을 흐리며 나를 쳐다봤다.

"초등학교 5학년이면 이제 다 컷 지, 아빠가 이야기 하면 시켜줄 거야."

"그럼, 언제해요?"

"새벽 일찍 일어나야 될 거다. 세시나 네 시쯤."

"에구, 잠도 못 자겠네."

"잠 좀 적게 자면 되지, 엄마 아빠는 너를 위해서 무엇이든 하잖니."

잠깐 생각에 빠져 있던 아이는,

"알았어요, 할게요."

"역시! 우리 아들이 최고다, 그럼 됐다, 이다음에 커서 돈 많이 벌면 아빠 갖고 싶은 것 사 주고 볼펜이나 하나 사 주렴."

"네, 아빠."

아이는 그제야 얼굴 가득 웃음을 보였다.

"내일 몇 분이나 초대할거예요?"

연분홍 장미가 그려진 커피 잔을 내려놓으며 연이가 물었다.

"응, 한 여덟 명 쯤 올 거요."

"뭘, 준비하죠?"

"그건 알아서 하소."

"그럼, 생선회, 해물 좀 하고, 어머니가 보내 주신 도미를 찌고, 고기전, 초밥, 갈비찜, 잡채, 이렇게 준비 할게요."

"고맙소, 매번 성가시게 해서."

"고맙긴요, 그런 말 하지 마세요, 당연히 제가 할 일인걸요."

연이는 해마다 내 생일 때는 몇 번의 생일상을 차려야 했다. 처음에는 타향살이 외로움도 덜고 주위의 사람들과의 친분을 쌓기 위해 생일을 핑계로 밥 한 끼 먹는 것으로 시작 되었다가 해가 갈수록 사람들의 수가 더해져 일주일 동안 몇 번의 상을 차려야만 했다. 생일에 한 번 왔다 간 사람들은 아내의 음식 솜씨에 반해 그 다음 해 부터는 언제 가야 되느냐 묻고 자청해서 선물꾸러미들을 안고 왔다. 연이의 음식 솜씨는 어머니 못지않게 뛰어났다. 사람들은 마음껏 먹고 마시며 밤새 놀다가 갔다. 나라 경제가 부도나던 해, 그 해에는 사람들을 집으로 초대 하지 못했다. 늦둥이를 임신한 연이를 위해 깨끗하고 음식 정갈한 한식집을 예약해 사람들을 대접했다. 사람들은 내년에는 꼭 집으로 불러 달라며 한마디씩 하고는 아쉬움을 전하고 돌아갔다.

내 생일날이면 새벽 일찍 일어나 음식을 하는 아내를 바라보면 어머니가 생각났다. 어머니는 아버지 생신이 다가오면 일주일 전부터 생일상에 차릴 음식을 준비하셨다. 육남매 중 다섯째로 태어난 나는 어머니에게 특별한 자식이었다. 형제들의 생일상엔 평소와 다름없는 찬과 미역국 생선 몇 마리가 전부였지만 내 생일 상은 상다리가 휘어질 정도로 먹을 게 많았다. 형과 누이들은 불만이 많았다. 어머니는 내가 잘 먹는 반찬은 내 앞으로 다 밀어 주셨다. 형과 누이들은 나를 어사또라고 불렀다.

칠 남매 장녀로 때어난 연이는 부모에게서 교육 받은 그대로 나와 아이에게 헌신적이었다. 여태 나와 살면서 내가 하는 일, 내가 하고자 하는 일엔 반대도 이유도 묻지 않고 묵묵히 지켜 봐 주었다. 연이는 내 어머니와 똑 같이 닮아 있었다. 주위의 사람들 모두 다 요즘 사람이 아니라고 했다.

오늘은 아내 생일날
아침상에 미역국이 없다
흔한 조기 한 마리 나물 반찬도 없다
아내는 어제 저녁 먹다 남긴 된장국에 밥을 비며 먹으며 얼굴 가득 웃음을 짓는다
아내의 생일은 날 만나 살면서부터 없어져 버렸다
내 생일이 자기 생일이라고 했다
여자 생일 가장家長 앞에 들어 남자 앞길 막는다며
여태 나랑 살면서 미역국 한 번 생일 케이크에 불 한 번 밝히지 않았다
서닉 무렵
백합 한 다발 귀걸이 한 쌍 사서
가만히 다가가 불쑥 내밀자 어느새 눈가 축축해진다
오늘 저녁엔 나물 반찬에 미역국 먹자 졸랐다

활짝 펴진 아내 얼굴
16년 만에 처음 먹어보는 아내 생일날 미역국
오늘은 첫 번째 아내생일날

-(아내생일날) 전문

연이는 나와 살면서 자신의 생일을 단 한 번도 챙기지 않았다. 처음에는 생일이 언제인지 말 해 주지 않아 알 수가 없었다. 우리가 만난 날이 자기 생일이라고 했고, 나중에는 내 생일이 자기 생일이라고도 했다. 나와 함께 산 지 몇 년이 흐른 후에 자신의 생일이 나보다 앞에 들어 생일상을 차리지 않는다고 했다. 그 말을 듣는 순간 난 가슴이 뭉클해져 목이 아려왔다. 난 앞으로 그러지 말라고 말을 흐렸다. 연이는 그 이후에도 자신의 생일을 그냥 지나쳤다. 난 연이의 생일날엔 꽃 한 다발과 선물을 잊지 않았다.

새 달 달력에 아내 생일이 들어 있다. 달력 날짜 밑에 '엄마 생일' 이라고 아이가 큼지막하게 적어 놓았다. 이기적이고 못난 나를 위해 지순한 사랑을 아낌없이 주는 아내를 위해 이번 생일에는 내가 끓인 미역국과 케이크에 촛불을 밝히고 그 동안의 수고를 위로 해 주고 싶다.

〔09.01.18일〕

아침에 눈을 뜨면 오늘 또 새로운 아침을 준 신께 감사를 드린다

그리고 가족과 함께 식탁에 앉아

행복한 식사를 할 수 있도록 해 준 아내에게 감사하고

작은 일에도 감사한 마음을 잃지 않는다

운 명

그대를 사랑합니다

길을 걸을 때나
밥을 먹을 때나
눈을 감고 있을 때에도
온통 내 머릿속엔
그대 생각 뿐……,

그대를 처음 본 순간
낯익은 느낌
떨리는 가슴
영혼을 우리는 소리

지금도 그날의 벅찬 가슴을
억누를 수가 없습니다

詩

우리는 만나기 훨씬 전부터
서로를 사랑하고 있었나 봅니다

그대를 처음 본 순간부터
그대를 사랑하게 되었습니다.
이것이 우리의
운명이라 생각합니다

밥 이야기

나는 늘 배가 고프다.

밥을 먹고 있는 순간에도, 밥을 다 먹고 식탁에서 일어나는 순간에도 배가 고프다. 이렇게 내가 배고픔과 싸운 지도 어언 삼년의 세월이 흘렀다. 한 때 키175Cm에 몸무게 83Kg, 허리둘레가 92Cm이던 내 몸은 풍선같이 부풀어 오른 뱃살 때문에 옷맵시는커녕 조금만 걸어도 다리에 힘이 빠지고 숨이 턱까지 차올랐다. 매끼마다 수북하게 담은 밥 두 그릇을 먹고 얼마 지나지 않아 속이 허해지면 빵과 과자, 음료수로 배를 채웠다. 그렇게 먹던 밥을 하루 두 끼, 공기 밥으로 줄이고 육식 위주의 식습관을 채식으로 바꾸고 삼 십 여년 가까이 피우던 담배를 끊고 거의 매일 마시던 술도 끊다시피 하면서 몸무게를 12Kg 줄이고 보기 싫게 앞으로 툭 튀어나와 있던 배를 네 치나 줄였다. 아주 가까운 거리도 걷기 싫어하던 난 친구의 권유로 등산을 다니기 시작하면서 이제는 버스 몇 정거장의 거리는 산보 하듯 걸어 다니고 자전거를 즐겨 탄다.

난 늦은 오후 세시와 네 시 사이에 아침 겸 점심을 먹고 밤 열시쯤에 저녁을 먹는다. 어쩌다 지인들과 만나 술자리를 하는 날에는 늦은 새벽에도 밥을 꼭 챙겨 먹고 삼자리에 들며 인스턴트식품과 방부제가 들어 있는 음식과 햄버거, 피자, 통닭, 삼겹살, 튀김 등 기름진 음식은 피하고 싱싱한 해산물과 생선, 채소를 즐겨 먹는다. 콜라와 탄산이 든 혼합 음료는 마시지 않으며 커피도 블랙으로 마시고 우유를 섞은 생과일주스를 공복에 마신다.

밥상에 앉아
밥숟가락을 뜨는 순간에도 배가 고프다
허겁지겁
밥 한 술
반찬 한 입
밥이 목구멍을 타고 넘어가는 순간에도 창자는 밥 달라고 연신 보챈다
금 새 비어버린 빈 밥 그릇
식탁 옆에 놓아둔 밥통을 물끄러미 쳐다보다 숟가락을 놓는다

한 끼에
밥 두 공기
국 한 대접
하루걸러 육식에

아이스크림 큰 거 한 통
커피 예닐곱 잔
사흘 내리 폭음에
담배 세 갑
세발 거리도 걷기 싫어하다
풍선처럼 잔뜩 부풀어 오른 몸
옷장에 걸린 옷
죄 다 맞지 않아
매끼마다
고봉으로 먹던 밥
하루 두 끼
공기 밥으로 줄이고
배고픔을 이겨 내며
답배 끊고
육식도 하지 않고
잡곡밥에 채식을 하며
먼 거리도 무조건 걸었다

일 년 동안
몸무게를 두 관이나 줄이고
허리를 네 치나 줄인
내 몸은
삼십대 예전 모습을 되찾았지만
한 번 늘어진 내 위장은
밥이 들어가는 순간에도 요동을 친다

한 번 때를 놓치면 영영 못 찾아 먹을 한 끼
먹고 죽은 귀신은 때깔도 좋다는데
난 죽어 빛깔이 나지 않을 것 같다

나처럼 하루 두 끼 먹는
우리 집 고양이 미오
간식 먹는 아이 앞에서
연신 울음소리를 낸다

저녁때는 아직 멀었는데
거실에서
과자 깨무는 소리는
서재 방문을 뚫고 달려와
내 위장을 사정없이 후벼 판다

-〔밥 이야기〕전문

내가 어머니 뱃속에서 나왔을 때는 아주 건강한 아이였다. 백일이 지나고 돌이 될 무렵부터 잦은 병치레와 싸워야 했고 네 살 무렵에는 갑작스런 소아마비 증세로 하반신 불구가 될 뻔 했다. 초등학교 6학년 초에는 원인모를 심한 배앓이 때문에 학교에 거의 가지 못했고 앙상한 뼈 위에다 거죽만 입혀 놓은 꼴골이었던 난 또래의 아이들보다 작고 왜소해서 체육시간에는 늘 텅 빈 교실을 지켜야만했다. 중학을 마칠 때 까지 언제나 맨 앞자리에 앉을 정도로 키가 작았던 나는 고등학교에 들어가자 어느 날 한 순간에 키가 훌쩍 커 버렸다.

나는 술 담배를 늦게 배웠다. 담배만은 배우지 말라는 아버지의 말씀을 거역하고 이십대 초반에 친구들과 한창 어울려 다닐 때 담배와 술을 배웠다. 늦게 배운 도둑질처럼 짧은 순간에 나는 술고래와 골초가 되어 있었다. 아버지는 술 한 잔도 하지 못하셨다. 나보다 열 살 많은 형님도 마찬가지였다. 하지만 난 달랐다. 술을 마시고 나서부터 내 몸은 많이 달라져갔다. 삐쩍 마른 몸에는 점점 살이 오르고 배가 나왔다. 날이 갈수록 몸이 비대해지자 숨은 가빠지고 식욕은 날로 왕성해져만 갔다. 그렇게 한 번 오른 살은 잘 빠지지 않았다. 비쩍 마른 몸보다 살찐 몸이 훨씬 좋다며 어머니는 좋아하셨다.

평소 방안에서 담배를 피우던 나는 아내가 늦둥이를 임신하자 마당으로 담배를 피우러 나갔고, 아이가 자라 말을 배우고 내 몸에서 담배 냄새 난다며 가까이 오려고 하지 않는 것을 보면서 담배를 피우고 나면 입과 옷, 손가락 사이에 냄새가 배 인 것에 못 이겨 오랫동안 피워온 담배를 한 순간에 끊고 말았다. 그리고 날이면 날마다 해가 지기가 무섭게 시내 번화가로 나가 날이 새도록 밤거리를 쏘다니며 사람 좋아 세상을 안주삼아 술에 젖어 살아오다 어느 날 문득 정신을 차려보니 이미 풍선처럼 부풀어 오른 볼품없는 내 몸이 너무나 보기 싫어 어느 자리 마다않던 술자리를 거부하고 등산을 다니면서 심신心身을 맑게 하자 조금씩 내 모습이 달라져 갔다.

어릴 적 난 심한 편식을 했다. 유년기를 거치면서 유난히 병치레를 많이 했던 나는 입에 맞는 음식만 가려 먹었고 병약한 나에게 몸에 좋다는 약과 음식은 어머니는 사시사철 정성으로 해 주셨다. 형제들은 먹고 싶은 것이 있어도 어머니께서는 들은 체 만 체 하셨고 내가 원하는 것들로 늘 밥상을 차리셨다.

나를 꼭 닮은 사내아이도 편식을 하는 까닭에 몸엔 살이라곤 붙어 있지가 않다. 골고루 이것저것 가리지 말고 먹이리. 신신당부를 해도 아이는 내가 어릴 적 그랬던 것처럼 마지못해 먹는 시늉만 한다.

내 주위의 사람들은 전보다 몰라보게 달라진 내 모습을 보고, "한 끼를 건너뛰면 평생 못 찾아 먹을 텐데. 잘 빠진 몸매도 좋지만 왜 굶고 사느냐고. 먹고 죽은 귀신도 때깔이 좋지 않느냐고." 이런 말들을 한다. 하지만 난 먹고 싶은 음식을 배불리 먹지 못하지만 볼품없는 예전의 모습으로 돌아가느니 작은 고통은 따르지만 지금의 이 생활에 만족하며 살아가고 있다.

남부지방에 내린 호우주의보 때문에 모처럼 가게에 나가지 않은 아내가 끓여준 떡국을 점심시간에 아이와 함께 우동 그릇 한 그릇 배불리 먹고, 얼마 지나지 않아 간식으로 찐 감자와 찰옥수수를 먹고, 비오는 날엔 파전과 소주가 제격이라는 아내의 말에 금방 부쳐온 해물파전에 소주 몇 잔 마시고 큰 베개를 하고 비스듬히 누워 텔레비전을 보고 있노라니 모처럼 포식한 배가 남산만 해졌다.

*옛말에 '음식은 가리지 말고 먹고 잠은 가려자라.' 는 말이 있다. 이 말은 음식을 골고루 먹어야 건강하다는 말인데 오랫동안 이어져 온 우리 국민들의 채식 위주의 식습관

은 문화가 발전함에 따라 육식 위주의 서구의 식습관을 본받아 국민의 5명중 1명꼴로 비만과 성인병으로 고생하고 있다. 요즘 한창 인기 가도를 달리고 있는 모 연애프로에서도 고도 비만자들이 나와 100일간 살빼기 프로젝트에 참여하여 뼈를 깎는 훈련 속에서 살을 늘리기는 쉬워도 빼기는 어렵다는 것을 단적으로 잘 보여주고 있다. 이제 우리는 '무조건 많이 먹으면 건강하다.' 는 잘못된 인식을 버리고 자신의 체질에 맞는 음식만 골라 먹는 편식을 해서 건강한 삶을 누릴 수 있는 생활을 해야 할 때이다.

詩

밥

해질녘 노을 따라 피어오른 연기 속에
밥 냄새 가득한 추억들이 있는 자리
어머니 정성을 담은 그리움이 한 그릇

언제나 밥과 함께 토닥토닥 잔상 속에
오늘도 세상 속 치열하게 버틴 자리
어머니 위로를 담은 희망 실은 두 그릇

밥 한술 더 먹자고 오누이 아옹다옹
어머니 애정 담아 더 먹어라 덜어주신
따뜻한 밥 끈끈한 정 우리 남매 같아라

뱃살 찐 白手의 대한 日記

나는 오후 늦게 일어나 이 닦고 세수하고 밥상에 앉았다.

(사실은, 오후 두 시가 다 되도록 자고 있었는데 학교 간 아이가 돌아올 시간이 다 되었다며 아내가 성화를 부리는 통에 못 이겨 눈곱만 떼고 밥상에 앉았다가 이 닦고 세수하고 와서 앉으라고 해서 이 닦고 머리감고 발 씻고 밥상에 앉았다.)

방금 막 지은 곱슬곱슬한 밥과 꽃게 해물 탕을 차린 밥상을 받고 앉아 새벽 늦게까지 마신 술로 까칠해진 입맛에 마지못해 수저를 뜨는 순간 술 좀 제발 적당히 마시라는 아내의 말에 나는 아무 대꾸도 않고 꽃게딱지를 숟갈로 박박 긁으며 밥을 먹는 둥 마는 둥 하다가 밥상에서 일어나 서재로 가서 컴퓨터를 켜고 의자에 등을 기대고 눈을 감은 채 아내가 커피 잔을 들고 오기를 기다리고 있었다.

나는 오전 늦게 일어나 세수하고 밥상에 앉았다.

(점심때가 되자 아내가 깨우는 소리에 겨우 눈을 뜨고 잠자리에서 일어나 세수만 하고 밥상에 앉았다. 새벽 늦게까지 원고 작업을 하다 잠이 들었는데 아침에 아이가 거실에서 쿵쿵 뛰며 구르는 통에 잠이 깨었다가 다시 잠이 들었다.)

밥 때는 기다리지 않아도 어김없이 내게 다가왔다.

지겹도록 먹어도 또 먹고 싶은 밥.

밥을 먹지 않고 살수는 없을까.

미래에는 캡슐 하나로 열흘을 살 수 있다고 십오 년 전 과학자들이 말했는데 아직 연구 중인가 보다.

아이가 등교하지 않는 휴일이라 점심 밥상엔 아이가 좋아하는 반찬만 있었다.

(평소에 두 끼를 먹는 나는 아이가 학교에 가지 않는 날, 아이가 점심밥을 먹을 때 함께 밥을 먹는다.)

아내는 잡채와 닭볶음탕은 아이 앞으로 밀어 놓고 내 앞에는 순두부찌개를 놓아두었다. 어제 아이가 뒤에서 내 배를 껴안으며 뱃살 좀 줄이라며 배를 툭툭 치던 일이 생각났다.

닭다리 하나를 집으려다 말고 빨갛게 양념이 배인 감자만 먹었다.

문득 아내가 전에 했던 말이 떠올랐다.

"나는 당신과 아이를 위해서라면 내 몸이 부서져는 한이 있어도 상관이 없어요."

아내의 얼굴을 물끄러미 쳐다보다 얼른 밥을 먹고 마당으로 나갔다.

바람 한 점 불어오지 않는 햇볕이 따갑게 내리쬐는 마당에서 한참을 서성대다가 땀으로 뒤범벅이 된 몸을 욕실로 가서 씻었다.

샤워를 하고 거실 벽에 걸어둔 전신거울 앞에 서니 앞으로 툭 불거져 나온 배가 보기가 싫었다. 이삼 개월 사이에 조금씩 나온 배가 바지를 점점 끼게 했다.

매일 눈 뜨면 아내가 갈아 놓은 과일 주스를 먹다가 근래 들어 커피에 시루떡을 먹고 집안에만 틀어 박혀 뒹군 덕에 몸무게도 덩달아 2Kg나 쪄 버렸다.

(몸무게가 나가는 진짜 이유는 양 손에 가득 쥐어지는 뱃살 때문 일게다.)

아내는 이 나이에 배도 적당하게 나와야 보기 좋다며 괜찮다고 말했지만 살이 오르면 옷을 모조리 다시 사야하는 생각에 윗몸 일으키기 운동을 하기로 마음먹었다.

(전에 살을 빼면서 입던 옷을 남을 주거나 불우이웃돕기에 모두 기증했다. 거짓말 좀 보태서 작은 한 트럭은 될 거다.)

나는 정오가 다 되어서 일어났다. 우리 집 고양이 미오라는 놈이 자기 밥 먹을 시간이 되자 내가자는 방 앞에서 큰 소리로 우는 통에 잠에서 깨어났다.

나는 일어나서 고양이 밥을 주고 손을 씻고 눈곱을 떼고 입안을 물로 대충 두어 번 헹구고 냉장고에서 가래떡 세 토막을 꺼내 싱크대에 올려놓고 이불을 정리하고 TV를 켜고 다시 주방으로 가서 프라이팬에 기름을 둘러 가래떡을 굽고 커피를 끓여 방으로 가서 뉴스를 보면서 혼자만의 여유를 즐겼다.

아내와 아이가 없는 집안은 조용하다 못해 마치 절간 같다. 아이와 아내가 나가고 없는 적막한 이 시간이 난 너무나 좋다. 옷을 홀랑 다 벗고 있어도 내 배를 보고 말할 사람도 없고, 수염을 깍지 않아도 머리를 감지 않아도 간섭 할 사람 없는 혼자만의 이 시간이 좋다.

오늘 아침에 아이가 학교 다녀온다는 인사를 잠결에 들은 것 같기도 하고 하지 않은 것 같기도 하다.

나는 참 편하게 산다.

마음도 편하게 몸도 편하게 자고 싶으면 자고, 먹고 싶으면 먹고, 밖에 나가 놀고 싶으면 밤 새 놀고, 참 편한 백수白手다.

그러고 보니 돈을 벌어 본지도 참 오래 되었다.

십년 전, 친구 건설회사에 다닐 때 종종 아침에 피곤해서 못 일어나는 나를 아내는 깨우지 않고 그냥 내버려 두었다. 그러다가 어느 날 내가 갑자기 다니던 회사를 관두자 아내는 돈 벌어 오라는 말을 하지 않았다. 그때부터 나는 이곳저곳 여행도 다니고 친구들과 실컷 술도 마시고 볼링을 배워 볼링장에 매일같이 살다시피 했다.

또 하루가 내게 왔다.

길 위로 쉼 없이 흐르는 시간은 내가 의식 하지 못하는 사이에 밤이 오게 하고 해를 뜨게 했다.

나는 오후 한시가 다 되어서 자리에서 일어나 이불을 개고 고양이 밥을 주고 머리를 감고 아내가 어제 저녁에 들어올 때 사 온 호밀 빵 한 조각과 커피를 마시고 화분에 물을 주고 컴퓨터 앞에 앉았다.

나의 유일한 공간인 서재 책상에 앉아 메일을 확인하고 문예지에서 청탁 받은 원고를 썼다.

나의 유일한 공간인 서재는 에어컨이 없어 한낮엔 조금 덥다.

(서재라고 해도 말만 서재지 방의 반을 차지하고 있는 많은 내 옷들 때문에 책상 하나에 책장 두 개가 전부다.)

책상 위 창문을 열면 강을 따라 불어오는 바람에 참 시원하다. 8월 한낮에도 방 온도가 26도 이상 오르지 않는다. 그랬던 것이 이년 전 옆 건물 변호사 사무실에서 벽에 단 에어컨 실내기의 더운 바람이 창문으로 쏟아져 들어오는 바람에 창문을 열지 못한다. 그래서 한낮에는 작업을 할 수 없어 주로 밤에 원고를 쓰는데 어떤 날은 술에 취해서 또 어떤 날은 머릿속이 복잡해서 또 어떤 날은 TV에 빠져 있다가 글 한 줄 쓰지 못하는 날이 부지기수다. 이러다보니 연초에 계획한 수필집 출판 원고를 여름의 중간에 다다랐어도 그 반을 채우지 못했다.

두어 시간 자판을 두드리자 눈이 침침해졌다.

컴퓨터를 끄고 안방으로 가서 큰 베개를 하고 누워 지난 주 놓친 월화 드라마에 한창 빠져 있을 때, 아내가 오른손에 커다란 식료품봉지를 들고 현관으로 들어섰다.

나는 방문을 열어 고개를 뒤로 젖힌 채 아내를 쳐다봤다.

아내도 말없이 그 자리에 선 채로 나를 쳐다봤다.

나는 "오우~예~쓰~" 를 외치며 벌떡 일어나 아내가 들고 있는 식료품봉지를 받아 주방에 갖다 놓고 서재로 가서 책을 읽었다.

패션 디자이너가 꿈이었다가 일식요리사가 되고 만 아내가 출근을 하기 전 잠든 나를 가만히 어루만져 줄때가 나는 참 좋다.

내가 TV를 보며 앉아 있을 때 손톱과 발톱을 잘라 줄때가 좋고

누워 있는 나를 자기 무릎에 눕혀 놓고 내 귀지를 파 줄때가 좋다.

내가 외출할 때 내 긴 머리를 단정히 빗어 묶이 주고 옷매무새를 고쳐 줄때가 좋고 친구들과 어울려 술 마시느라 밤늦게 돌아오는 나를 기다렸다가 밥상을 차려줄때가 좋다.

매일같이 과일 주스를 갈아주고 배고프면 먹으라고 쿠키도 구워 놓고 애교 섞인 말로 나를 대할 때 나는 아내가 너무 좋다.

나는 아내가 나를 일으켜주고 밥도 떠먹여주고 목욕도 시켜주고 옷도 입혀주면 좋겠다.

손가락 하나 까딱 하지 않고 아무것도 하지 않아도 불평하지 않고 돈을 벌지 않아도 새벽같이 술 마시고 들어와 밥 달라고 해도 화내지 않고 내가 먹고 싶은 것은 말하지 않아도 척척 알아서 먹여 주는 아내가 나보다 늦게 살다가 갔으면 좋겠다.

"뭐 하시는 분이세요?"

"백숩니다."

"어떤 사업 하세요?"

"전 하는 일 없이 노는 사람입니다."

"정말이세요?"

전에는 이런 말을 종종 들었다.

하지만 지금은 길게 기른 내 머리를 보고는, "예술 하시는 분이세요?" 하고 묻는다.

내가 백수로 산지도 어언 십 수 년이 훌쩍 넘었다.

나는 내 이름 석 자 앞에 '작가' 라는 근사한 타이틀을 달고 있지만 매일같이 하릴없이 빈둥거리는 여느 백수와 진배가 없다.

나는 매일같이 새벽 늦게 잠이 들어 점심 무렵에 눈을 떠서 TV를 켜고 뉴스를 보면서 뜨거운 커피와 빵과 과일 몇 조각으로 아침을 대신하고 컴퓨터 앞에 앉아 전날 써둔 원고를 수정 하다가 학교에서 돌아온 아이와 함께 저녁밥을 먹고 해가지면 밤거리로 출근을 해서 친구들과 어울려 밤새 주도酒道를 닦으며 하루를 보낸다.

나는 오전 늦게 일어나 샤워를 하고 커피와 삶은 달걀 두 개를 먹고 아내가 없는 빈집에서 혼자 놀았다.

(오늘부터 달걀 다이어트를 시작했다.)

심심해진 나는 서재와 거실, 주방을 들락거리며 아이가 먹다 남긴 과자를 꺼내 먹기도 하고, 먹을 것을 찾아 냉장고 안과 찬장을 뒤적거리다가 방에 누워 TV 채널을 바꿔가며 아내가 돌아오기를 기다렸다. Y데스크에서는 이명박 대통령이 헬기를 타고 독도에 내리는 장면이 막 나오고 있었고, 연이어 일본 노다 총리가 우리 대통령이 독도 방문에 항의하는 성명을 발표하고 있었다. 우리 땅에 우리 마음대로 가는 것이 무슨 문제인지, 억지 주장을 하고 있는 일본 사람들, 독도가 자기 땅이라면 대마도는 우리 땅이다. 바다 속에 있는 암초 위에다 시멘트를 부어 그걸 섬이라고 말하는 족속들, 중국 섬 댜오위다오를 자기네 땅이라고 우기는 놈들.

저녁 무렵 학교에서 돌아 온 아이와 함께 밥을 먹었다.

저녁을 먹고 아내가 후식을 준비하는 동안 아이와 체스를 두었다. 장기, 오목은 나에게 적수가 되지 않는 아이는 체스는 나보다 잘 둔다. 두 판을 내리 이긴 아이는, 내일 또 도전하세요. 하며 의기양양한 모습으로 자기 방으로 갔다.

나는 늦은 새벽까지 원고와 씨름을 하다가 인적이 끊어진 길 위로 간간히 지나가는 차의 불빛을 따라 걷다가 밤안개 피어오르는 다리 난간에 기대서서 말없이 흐르는 강물을 바라보다가 안개비에 어깨가 축축해져서 집으로 돌아와 내가 잠들기를 기다리며 거실을 서성대는 고양이에게 잘 자라고 인사하고 잠자리에 들었다.

지금 바깥엔 아름다운 날씨가 빛나고 있다.

초록이 언덕에서 푸르게 춤출 때 어두운 구석에 머물러 있어서는 안 될 것임을 나는 고독 속에서 깨닫는다.

나는 백수白手 시인詩人

초록 바탕에
하얀 글씨로 제법 근사하게
'시인' 이라고
명함을 박아 다니는 나는
변변한 하는 일 없이
허 구 헌 날
사랑타령에
되지도 않는 글 끼적거리고
어쩌다 가뭄에 콩 나듯
원고 청탁 몇 줄 들어오는
백수白手

어제도 오늘도
날이면 날마다
밤거리를 쏘다니며
밤새 지치도록 놀다가

詩

중천에 뜬 햇살이
온 방을 가득 메울 때
눈 부비고 일어나
차려온 밥상에
반찬 없다 맛없다
투정 부리다
컴퓨터 앞에 앉아
커피 한 잔 다오
담배 끊으니
입 심심하다
온갖 심부름 시키다
해 떨어지기가 무섭게
밤거리로 출근해서
날 새도록
주도酒道를 닦는
무늬만 글쟁이.

우리 집 차돌이

차돌이는 아이의 태명이다.

아이는 할아버지께서 지어 주신 지성知成이라는 이름보다 차돌이라 불리는 것을 더 좋아한다. 늦게 본 자식이라 유난히 애정이 많이 가는 아이다.

아이는 3.74kg으로 건강하게 태어났다.

이미 두 번의 유산을 경험했던 아내는 의사의 권고에 열 달 내내 문밖출입을 거의 하지 않았다. 손이 귀한 우리집안에 시집와 “손자 하나만 안겨 다오.” 손자를 볼 수 있다면 더 이상 소원은 없다. 는 늙으신 부모님 말씀에 아내는 늘 가슴조이며 살았다. 유난히 태풍이 많았던 그해, 여름이 끝나갈 무렵 간밤에 내가 꾼 꿈 이야기를 아내에게 들려주었다. 아내는 곧장 병원에 가서 임신 사실을 알았다. 병원에 나녀온 아내는 뒷날 직장을 그만두고 태교에 온 정성을 쏟았다. 그때 당시 아내는 규모가 제법 큰 일식 전문점에서 조리장을 맡고 있을 때였다.

난 아내와 뱃속의 아이를 위해서 담배를 마당으로 나가 피우고 매일 같이 밤늦게 친구들과 어울려 곤드레만드레 마시는 술도 뚝 끊고 해가 지기가 무섭게 집으로 들어왔다. 아내의 배가 점점 불러오는 것을 보면서 몸이 무척 약한 아내가 혹시 잘못 되지 않을까 한시도 마음을 놓을 수가 없었다. 그런 내 염원을 담아 아내도 건강하고 뱃속 아이도 건강하게 세상에 나오라고 태명을 '차돌이'라고 지었다. 어릴 적 유난히 병치레를 많이 했던 나를 닮지 않을까 염려해서였다.

출산 예정일을 일주일을 넘긴 어린이날 밤, 일찍 잠자리에 들려다가 갑자기 밀려오는 산통에 병원으로 갔다. 아내를 분만실에 들여보내고 한참을 기다린 끝에 아기가 나오려면 내일 아침이 되어야 한다는 간호사 말에 난 밤새 뜬눈으로 병원 복도를 서성댔다.

뒷날 오전이 되어서야 아내는 자연분만으로 아이를 낳았다. 제왕절개를 권유하는 의사의 말에도 아내는 고집을 꺾지 않고 열 두 시간의 오랜 산고 끝에 아들을 낳았다. 나이 오십을 바라보는 노산임에도 아내의 의연함에 나는 놀라지 않을 수 없었다. 제왕절개 수술 날짜를 잡아 놓고 하루도 빠짐없이 병원에 오라는 의사의 말을 무시하고 일주일 내내 병원에 가지 않았다는 사실을 의사에게 들을 수 있었다. 일주일 동안 뱃속의 아이를 엄청나게 키웠다는 의사의 말에 태어난 아이를 보고서야 알 수 있었다. 같은 날 한 분만실애서 태어난 아이들과 달리 아이는 키도 크고 눈을 거의 뜬 채로 세상에 나왔다. 하얀 피부에 우량한 아이를 보고 사람들은 부러운 말로 한마디씩 했다. 간호사가 분만실에서 안고 나오는 아이를 본 순간 형언할 수 없는 기쁨과 흥분에 휩싸여 말을 잇지 못했다. 한참 후 정신을 가다듬고 고향에 계신 부모님께 전화를 걸어 소식을 전해드리자 아버지께서는 "그러면 그렇지. 아들일 줄 알았어. 암, 그렇고말고." 하시며 너무나 기뻐하셨다.

아이의 울음소리는 우렁찼다.

아이는 아버지의 목소리를 그대로 닮아있었다. 귀한 아들이 태어나자 우리 집에는 사람들의 발길이 끊이지 않았다. 사람들은 아이를 다들 한 번씩 안고 어르고 잠든 아이를 깨워 놓고 갔다. 세이레가 지나지도 않아 아이는 자리에 온전히 누워 있지 않았다. 젖을 먹고 새근거리며 자는 아이를 자리에 누이면 아이는 이내 잠에서 깨어 울음을 터트렸다. 아내와 난 밤낮으로 울어대는 아이 때문에 잠을 제대로 잘 수가 없었다. 우는 아이를 안고 앉은 채로 잠이 들기도 하고 벽에 기대 선 채로 잠이 들기도 했다. 날이 갈수록 아내와 나는 지쳐갔다. 귀한 아들을 본 기쁨도 잠시 나는 아이가 점점 미워져 갔다. 밤잠을 제대로 이루지 못하자 아내에게 짜증내는 횟수가 점점 늘어만 갔다. 몸이 약한 아내는 늘 아이를 포대기에 업고 달랬다. 훗날 아내는 어깨 통증에 오랫동안 고생을 했다.

"백일만 지나면 점점 나아질게다. 조금만 참으면 시간은 금방 갈 테니 아이 잘 키워라."

산후 수발을 하러 오신 어머니도 아이 세이레를 다 채우지 못하고 고향 집으로 내려가셨다. 어머니의 말씀처럼 아이는 백일이 지나자 잠을 자는 시간이 점점 길어져 갔다.

내 나이 마흔이 넘어 아들을 보았다.

결혼 한 지 8년 만이었다. 생전 얼굴도 모르는 할아버지께서 꿈에 나타나 양손에 커다란 배 두 개를 보여주시며 오른손에 든 배 하나를 내게 주셨다. 난 한참 후에야 그 꿈이 태몽인 것을 알았다. 나는 뱃속에 있는 아이가 사내인지 딸인지 무척 궁금했다. 아내에게 의사에게 물어보라고 했다. 아내는 꼭 아들을 낳아 줄 것이니 아무런 걱정 말고 기다리라고 했다.

아이를 낳은 그 해는 우리나라가 경제 위기에 빠진 해였다. IMF에 구제 금융을 받으면서 수많은 기업들이 도산을 했다. 나도 다니던 회사가 어려워지자 실직을 하고 하루하루를 걱정하며 살아야만 했다. 모유가 부족해 우유를 살 돈이 없어 아이에게 쌀 물을 떠먹이면서도 아내는 나에게 돈 이야기를 꺼내지 않았다. 난 그런 사실을 세월이 한참 흐른 후에야 알았다. 그때 아이는 영양이 제대로 공급 되지 않아 성장이 느려졌다. 또래의 아이들보다 키가 작은 아이를 보면서 늘 가슴 한편이 아렸다. 그때의 일을 생각하면 가슴이 먹먹해져온다.

아이는 가리는 음식이 별로 없다.

난 냄새가 강한 음식은 먹지 않는다. 아이는 순대, 족발, 곱창, 젓갈

등등 내가 먹지 않는 것들도 다 잘 먹는다. 배가 고픈 것을 참지 못하는 아이는 어릴 적부터 매끼 밥을 거르지 않고 먹여온 덕분에 밥을 한 끼라도 먹지 않으면 큰일이 날것처럼 야단스러워진다. 아이는 김치찌개, 된장찌개, 장어 국, 어떤 국이든 다 좋아하며 특히 카레를 좋아하고 채소와 생선을 좋아하는 내 식성을 닮아 육식은 한 달에 한두 번 손꼽을 만큼 먹고 탄산이 든 콜라나 혼합음료는 마시지 않으며 색소가 든 과자, 사탕, 초콜릿, 햄버거, 피자, 아이스크림, 통닭은 사 달라고 조르지 않는다. 길거리에서 파는 음식은 일체 사 먹지 않고 엄마가 준비해 주는 간식만을 먹으며 일주일에 한 번 나와 목욕탕에 다녀오는 길에 자장면을 먹는 것에 재미를 붙였었다. 그러다가 모 방송 프로에서 자장면을 저질 기름으로 만드는 것을 보고 난 후에는 좋아하던 자장면을 이제 다시는 먹지 않겠다고 할 정도다.

집사람은 매주 토요일이면 제과점에 들러 봉지 가득 빵을 사 가지고 온다. 빵을 좋아하는 아이는 호밀 빵과 단팥빵만을 남겨 두고 혼자 간식으로 다 먹는다. 사과와 포도를 껍질 채 먹는 아이는 과일껍질을 먹지 않는 나를 보고,

"과일은 껍질 채 먹어야 좋대요." 하며 과일 껍질을 먹지 않는 날 신기한 듯 유심히 바라보곤 한다. 아무리 많이 먹어도 살이 찌지 않는 아이를 보고 난 묵 돌이라고 별명을 붙였다

이 잘난,

초등학교 6학년에 올라가자 아이의 별명이 하나 더 늘었다. 반 아이들이 얼굴도 짱, 공부 짱, 운동도 곧잘 해서 짱이라며 '이 잘난' 이가 되었다. 학부모 공개수업 때 엄마를 대신해 학교에 갔을 때 담임선생님을 만났다.

"지성이가 모든 학교생활에 적극적이고 잘 합니다. 너무 잘해서 겁이 날 정돕니다."

아이는 학교에 가는 것을 무척 좋아해서 학교에 가지 않는 휴일에는 빨리 월요일이 오기를 기다린다. 어쩌다 감기에 걸려 열이 심하게 나서 몹시 아플 때도 학교에 가지 말고 쉬라는 부모 말에도 끝내 고집을 부려 학교에 가고 만다.

아이는 그림 그리기를 좋아한다.

만화 속 캐릭터나 건축물의 양식을 똑 같이 묘사하는 재주를 가지고 있다. 그림공부를 따로 시키지 않았지만 내가 보기에도 비상한 재주임에는 틀림이 없다. 화가이신 할아버지의 재능을 그대로 물려받은 것이다.

아이는 노래 부르기를 즐겨한다.

나의 음악성을 닮았지만 어릴 때 목청 높이 울던 때를 생각해보면 그때부터 자질이 나타난 것이 아닌가 한다. 아이는 소심함과 대범함을 고루 가졌다. 내 혈액형을 그대로 물려받은 A+형이다. 나의 내성 격과 집사람의 밝은 외성 격을 반반 물려받았다. 사람들 앞에 나서는 것을 두려워하는 아이를 일곱 살 되는 해부터 지방에서 열리는 가요제는 다 데리고 다니며 무대 위에 서게 했다. 처음엔 많은 사람들 앞에서 목소리를 제대로 가누지 못 했던 아이는 조금씩 달라져 갔다. 아이가 음악성이 보이자 아이 엄마는 시립소년소녀 합창단 단원이 되게 했다. 아이는 어렵다는 오디션에 단 번에 통과했다. 소프라노 파트를 맡은 아이의 맑은 노래 소리를 듣고 있노라면 마치 한 마리의 꾀꼬리 소리가 들리는 듯하다.

아이를 네 살 때부터 태권도 도장에 보냈다.

운동 신경이 둔한 나와는 달리 아이는 운동신경이 발달했다. 초등학교에 들어가서는 자기보다 덩치가 큰 아이도 상대가 되지 못했다. 달리기와 줄넘기, 축구도 잘해서 친구들이 '축구선수 박지성' 이라고 불렀다.

아이는 책상에 앉아 공부를 하다가도 종종 거울 앞으로 가서 자기 얼굴을 들여다본다. 거울 앞에서 온갖 표정을 지어보이며 한껏 발돋움을 해서 자기도취에 빠져 나 보다 자기가 더 잘났다며 우기기도 하고 영문을 질문해서 답을 못하면 우쭐대며 빼기기도 하고 합창단에서 배운 노래를 내게 가르쳐 주기도 하면서 잘난 척을 한다. 난 언제나 잘난 척을 하는 아이를 보고,

"넌 엄마를 닮아서 못 생겼어. 이놈아!"

하고, 대적을 해 보지만 모든 면에서 잘난 것은 틀림이 없다.

아이에게 늘 책을 가까이 하라고 가르쳤다.

시간이 날 때마다 아이와 함께 서점에 갔다. 진열되어 있는 책들을 읽어보고 마음에 드는 책을 사게 했다. 책 읽기가 몸에 배이자 주의력이 부족해 산만했던 이이는 고학년이 되면서 성적이 몰라보게 향상되었다.

교내 글짓기와 백일장에서 받은 상이 수두룩하다.

"웃어른이나 친구에게도 예를 다해라."

벼는 익을수록 고개를 숙이지만 보리는 그렇지 못하다는 것을 가르쳤다. 아이는 초등학교에 들어가면서부터 어리광부리는 말과 행동은 보이지 않았다.

아이의 장래 희망은 국어과 대학교수다.

아이는 자신의 장래 목표와 목적을 분명하게 정해 놓았다. 장래에 선생님이 되어 나라와 미래를 짊어지고 갈 아이들을 위해 진정한 교육자가 될 것이라는 꿈을 가지고 있다.

I CAN DO IT.

I WILL BE THE MOST-RESPECTED EDUCATORS IN THE WORLD.

아침 6시 반이면 어김없이 잠자리에서 일어나는 아이는 책상 벽에 써 놓은 이 문구를 힘차게 외치며 하루의 목표를 정하고 일과를 시작한다. 아이는 부모의 뜻이 아닌 자신이 정한 목표를 향해 신념이 찬 확고한 마음가짐을 보이고 있다. 난 아이에게 늘 정직하고 올바른 마음가짐을 가지라고 말한다.

이차돌, 울돌이, 묵돌이, 이 잘난,

이 모두가 아이의 별명이다. 아이는 많은 별명들 중에 차돌이라 불리는 것을 무척 좋아한다. 마음이 여리고 감성이 풍부한 아이는 초등학교에 다닐 때 까지만 해도 야단을 맞을 때면 두 눈 가득 눈물을 글썽였지만 이젠 그 흔한 눈물을 보이지 않는다. 이제 울돌이라는 별명을 지워달라는 아이는 한껏 소년다운 모습으로 의젓해졌다.

난 아이가 잘못할 때면 늘 이놈! 이놈! 하면서 호통을 쳤다. 그런 나를 지켜보던 집사람이 어느 날 조용히 말했다.

"앞으론 아이에게 이 놈 대신 크게 될 놈, 크게 될 놈 이라고 하세요. 우리 아이는 장래 에 크게 될 아이니 그렇게 부르는 것이 좋지 않겠어요?"

집사람의 이야기를 들으니 내가 무심결에 뱉었던 말들이 아이에게 아무런 도움이 되지 않는다는 것을 깨달았다.

어느새 아이가 자라 중학생이 되었다. 키도 몸도 훌쩍 자란 아이는 정신 연령도 몰라보게 자라있다. 아이는 유치원에 다닐 때 또래 아이들에게 감기에 옮아 종종 병원에 다닌 것 빼고는 잔병치레는 거의 하지 않았다. 조금은 마른 몸에 민첩하고 날쌘 행동, 긍정적인 사고와 뒤끝 없는 성격을 가진 아이는 늘 밝은 모습이다.

심지가 곧고 심성이 따뜻한 아이는 내 안에 있는 모든 것을 다 주어도 아깝지 않을 존재이다.

〔12.04.05일〕

늘 아이에게 정직해라
진실한 사람이 되어라 가르치는 나는
정작 보이지 않는 곳에서 많은 거짓을 일삼는다

나 무

이지성

나무는 이별이 싫어서
땅속 깊이 뿌리를 뻗는다

평생을 애타는 그리움에
하늘로만 치솟아

봄이면 향기로운 꽃으로
여름이면 푸른 잎으로
가을이면 붉은 단풍으로
겨울이면 하얀 눈꽃으로

인고의 고통이 있어도
그리움을 오롯이 끌어안고

기쁨도
슬픔도

詩

보이지 않으면서
긴 기다림으로 가지를 뻗으며

모진 비바람 불어도
고목되어 썩을지라도
그 마음 변치 않으려고

선 자리에서 그대로
천년을 살고자 한다

어린 시절의 추억

이른 아침 눈을 뜨고 창을 열면 비릿한 바다 냄새, 물위를 나는 물새들 울음소리, 고기잡이 배 오고가는 소리, 언제나 정겹던 고향 바다 푸른 물결이 넘실대는 동호東湖는 우리들의 운동장이었고 천국이었다. 어린 시절 발가벗어도 부끄럽지 않았던 친구들과 어울린 물장구는 언제나 즐겁기만 했다. 어머니의 바다이기도 한 내 고향 통영은 눈을 감아도 눈을 뜨고 있어도 그날의 기억들이 생생하기만 하다.

나의 어린 시절에는 또래의 아이들보다 몸집도 작고 비쩍 야위어 마치 해골위에다 거죽만 입힌 몰골이었다. 내가 어머니 뱃속에서 나왔을 때에는 아주 건강한 아이였지만 백일이 지나고부터 잦은 감기와 병치레로 잠을 잘 자지 못하고 젖도 잘 먹지 못해 첫돌을 지나고도 잘 걷지를 못했었다. 그러다 네 살 무렵에는 소아마비에 걸려 부모님의 가슴을 철렁 내려앉게도 했고 초등학교에 들어가서는 원인모를 심한 배앓이 때문에 학교를 가지 못하는 날이 부지기수였다. 우리 육남매 중 제일 몸이 허약하고 생기가 없는 나를 보며 어머니는 늘 마음 아파 하셨다. 형제들 중 유일하게 한약 냄새나는 '원기소' 라는 비타민과 몸에 좋다는 온갖 약초 달인 물을 늘 마셔야 했다. 그리고 징그럽다며 드시지도 않는 어머니가 해 주신 장어 곰국을 중학교를 졸업할 때까지 질리도록 먹어야만 했다.

내성적이었던 나는 말 수가 작고 아주 소심한 성격이었다. 친구들과 어울려 잘 놀지도 못하고 휴일이나 방학 때는 하루 종일 방안에 틀어박혀 책만 읽기가 일쑤였다. 그런 나를 데리고 아버지는 낚시를 가셨다. 화가였던 아버지는 낚시를 무척이나 즐겨하셨다. 아버지는 어느 해 몇 월 며칠날 잡은 물고기의 종류와 크기, 장소를 모두 기록 해 두었다가 다음 해에 물때가 돌아오면 어김없이 그 곳으로 낚시를 가셨다. 아버지는 위로 열 살 터울인 형과 네 살 아래인 동생을 두고 유일하게 나만 데리고 다니셨다. 나는 평소 물건을 들고 다니는 것을 싫어하는 아버지 대신 긴대나무 장대와 대로 엮어 만든 고기망태를 짊어지고 30분을 버스를 타고 가서 1시간여를 산을 넘고 갯바위를 타고 가는 낚시가 죽기보다 싫었다. 아버지는 청년 시절에 극심한 위장병을 앓으면서 그 병마를 이겨 내느라 날만 새면 바닷가로 가서 밀물 때는 낚시를 하고 썰물이 지면 다시마, 미역, 톳, 굴 등을 생식을 하시면서 위장병을 고치셨다고 하셨다.

낚시 가기 전날 아버지가 낚시 도구를 손질하면 나는 아버지를 따라 가지 않으려고 온갖 머리를 다 짜내 배를 잡고 방바닥을 구르기도 하고 감기에 걸린 듯 연신 기침을 하기도 했지만 아버지는 뒷날 아침이 되면 어김없이 나를 깨워 앞장을 세우셨다. 그렇게 끌려가기 싫은 고양이처럼 억지로 따라나선 낚시가 내겐 즐거울 리가 만무했다. 나는 아버지가 쥐어 준 낚싯줄을 건성으로 잡고 어서 해가 지기를 기다렸다. 그렇게 한낮에는 고기가 물지 않다가도 해가 서산으로 뉘엿뉘엿 기울기 시작하면 어김없이 입질이 시작됐다. 연신 미끼를 물고 오는 고기를 잡느라 정신이 팔린 아버지는 해가 져서 사방이 깜깜해져 와도 낚싯대를 쉽사리 거두지 않으셨다. 집에 돌아갈 일이 걱정이 되었던 나는 이제 그만 가자고 여러 번 재촉을 한 후에야 아버지는 아쉬운 듯 낚시를 끝내셨다.

낚시를 마치고 돌아오는 길은 한층 무거워진 고기망태 때문에 힘에 부쳐 넘어지기도 하고 가파른 산길을 오르느라 숨이 턱까지 차올라 조금만 쉬어 가자는 내 말에도 아버지는 대답대신 헛기침만 하시며 저만치 앞서 가시기만 했다. 그나마 기온이 따뜻한 봄가을은 괜찮았지만 추운 겨울에는 갯바위와 험한 산길을 오르느라 온 몸에 배인 땀이 식어 추위와 싸워야만 했다.

또래의 친구들은 방학이 오기만을 학수고대하며 들뜬 목소리로 웃고 떠들었지만 난 차라리 방학이 오지 않기를 바랬다. 나는 아버지를 많이 원망했다. 방학이 되어서도 나를 편하게 내버려 두지 않는 아버지를 미워하며 마음을 열지 않았다. 그렇게 시간이 흘러 내가 고등학교에 진학하기 위해 집을 떠나 올 때 비로소 십여 년의 아버지와의 낚시 동행은 끝이 났다. 그때 고향을 떠나 낯선 곳의 두려움보다는 아버지에게서 해방 되었다는 기쁨에 마음은 하늘을 나는 듯 했다.

어느새 사십년의 세월이 흐른 지금, 어릴 적 허약했던 모습은 온데간데없고 몰라보게 건강해진 나를 보며 부모님은 종종 옛 이야기를 꺼내신다. 병약한 나를 위해 동생과 형을 제쳐두고 나만을 데리고 다니신 아버지의 깊은 뜻을 그땐 왜 몰랐을까 생각하니 새삼 가슴이 뭉클해져온다. 우리 육남매에겐 엄격한 아버지셨지만 큰소리 회초리 한번 들지 않으셨던 아버지의 깊은 사랑을 이제야 알 것 같다.

고향을 떠나 온 지도 어언 이십여 년의 세월이 훌쩍 흘러갔다. 한 시간 남 짓 차로 달려가면 쉽게 닿을 수 있는 지척의 거리에 살면서도 그곳이 날이 갈수록 왜 이렇게 아득하게 느껴지는지 모르겠다.

눈을 감지 않아도 선명이 떠오르는 모정母情의 포근한 바다, 언제나 고향이 그리울 때마다 외로운 그림자가 함께 하는 것은 그곳에 두고 온 정情들이 많고 진했기 때문이리라. 모두가 다 잠든 고요한 이 시간, 고향 바다 파도 소리가 더욱더 간절해져온다.

〔2015.『수필문학』 신년호〕

내 고향 통영

아침에 일어나 창을 열고 바라보면
동호 강구에 은빛물결 출렁이고
바다위로 나는 물새들 울음소리
고깃배 오고가는 소리가 정겨운 바다
투박한 사투리와
부지런하고 인정 많고
사람 좋아하는 사람들
봄이면 유채꽃 흐드러지게 피어나 (흐드러져)
꽃물결 파도치고
여름이면 에메랄 빛 바다와
멸치잡이 어부들의
노랫소리가 정겨운 곳
가을이면 점점이 늘어서 잇는
섬들을 품고 있는 쪽빛바다가
눈부시게 아름답고
겨울이면 섬마을 해안 따라

詩

붉게 피어나는
동백꽃이 만발하는 곳
내 어머니의 바다가 있고
두고 온 정이 있는
꿈에도 잊을 수 없는 내 고향

삶의 바깥과 안에 대한 단상

1.

흐르는 물처럼 살았다.

푸르른 날도 잿빛 가득한 날도 구름이 흘러가듯 바람이 흐르듯 그렇게 살았다.

젊은 날 높은 이상을 쫓는 나에게 스승님은,

"세상을 바꾸려말고 유유히 흐르는 물처럼 살아라." 말씀하셨다.

고독한 자는 늘 외롭다.

외로운 자가 가장 강한 자이며, 외로움이 내면 가득 차오를 때 가장 평온하다.

늘 내면과 싸우고 있다.

빛과 어둠이 서로 자리를 차지하기 위해 싸우는 것처럼.

한줄기 빛처럼 살다 갈 수 없을까.

밤마다 꿈을 꾼다.

넓은 바다를 가르며 질주하는 꿈을.

아직 못다 이룬 어릴 적 꿈을.

2.

여자가 현관문 앞에서 "나 나가요." 한마디를 던지고 문을 꽝 하고 닫고 나간다.

거실에서 맴돌던 여자의 진한 향기가 싸늘한 공기 속으로 사라져간다.

집 안이 휑하고 삭막해진다.

이불속에서 베개를 껴안고 TV 채널을 돌리니 젊은 여배우가 섹시한 자태로 원두커피 광고를 한다.

뜨거운 커피가 간절해진다.

손가락 하나 까딱하기가 싫다.

여자가 절실해진다.

난 네가 필요해.

난 네가 없으면 안 돼.

당신 같은 사람은 참 보기 드문 사람이에요. 이조시대에 살아야 할 사람이 이 시대에 살고 있으니 같이 사는 사람이 고생이지요.

여자는 이제 남자에게 당당하게 대 놓고 말을 한다.

남자는 말을 아낀다.

오늘은 왠지 산 낙지가 먹고 싶다.
현모양처 보다는 악처가 낫다는 소크라테스의 말이 생각난다.
나는 소크라테스가 아니야.
난 착한 여자가 좋아.

3.

어머니는 늘 말씀하셨다.

“한강물이 말랐으면 말랐지 너에게 돈은 마르지 않을 거다.”

사람은 제각기 자신을 담을 그릇이 있다. 내 그릇은 황금과 같이 빛나지도 도자기처럼 찬란하지도 않다. 질그릇처럼 그저 평범할 뿐이다.

젊은 날, 고향에서 벌인 사업은 이 년 만에 망했다. 사람 좋아하고 술 좋아 하던 나는 매일 밤 친구들과 술로 지샜다. 돈은 날만 새면 수중에 들어왔다. 그것도 잠시 관리 제대로 하지 않는 사업은 점점 기울어갔다. 사업이 망하자 그 많던 주위의 사람들은 모두 다 날 외면했다. 난 비로소 깨달았다. 돈이 사람 구실을 하게 만든다는 것을.

사업이 망하고 6개월을 문밖을 두문불출 하고 있을 때, 함께 살던 여자는 이혼을 요구하며 친정으로 가 버렸다. 그때부터 나만을 진정으로 사랑하고 위하는 여자를 찾기 시작했다. 사춘기 때 사랑했던 연상의 여인과 같은 여인 만나기를 소원했었다. 여자만 잘 만나면 팔자가 펴일 거라고 생각했다. 두 번의 실패 끝에 비로소 제대로 된 여자를 만났다. 아내는 나를 하늘 같이 떠받들지는 않아도 내가 하는 일, 내가 하고자 하는 일은 반대하지 않고 묵묵히 지켜봐 주었다. 평생을 밥걱정 않고 편하게 살 사주를 타고 난 나는 처갓집 복은 못 타고 났어도 처복은 타고 났다.

4.

모두가 나간 아침, 고요한 집안에 적막이 흐른다. 지금 집안에는 나와 그 녀석뿐이다. 그 녀석은 내가자고 있는 방문 앞에서 내가 일어나기만을 숨죽이며 기다리고 있다. 이 녀석이 우리 집에 오고 난 뒤부터 난 늘 일거수일투족을 감시받는다. 서재에 앉자 글을 쓸 때에도 커피를 마실 때에도 내가 잠자리에 들 때까지 이 녀석은 항상 내 주위를 맴돈다. 아이가 일어날 시간 아침 6시가 되면 어김없이 방문 앞에서 울음소리를 내고 자다가도 식구들 돌아오는 발소리를 귀신 같이 알고는 현관 앞까지 달려 나가고, 내가 서울 가는 날이면 돌아올 때까지 잠도 자지 않고 온 집안을 서성거리며 나를 기다린다. 이 녀석은 이제 두 살이 조금 넘은 우리 집 고양이 미오라는 놈이다. 작년 가을 장날에 화분에 심을 꽃나무를 사러 갔다가 강아지를 파는 트럭 한편에서 젖을 막 뗀 새끼 고양이를 구경하다 상인이 덥석 안겨주는 바람에 엉겁결에 집으로 데리고 와 우리 집 식구가 된 녀석이다. 집 식구보다 나를 제일 잘 따르는 이 녀석은 내가 자기 어미인줄 알고 있는 모양이다.

사람 말을 잘 알아듣는 이 녀석을 보면 인간구실 못하는 사람보다 낫다는 생각이 종종 들게 한다.

5.

바깥에는 거센 바람과 함께 굵은 빗줄기가 쏟아지고 있다. 말하고 싶은 간절한 욕구가 내 영혼 속에 깃들고 있다. 폭풍은 나의 가슴을 조그만 걱정들과 고통들로부터 자유롭게 한다. 폭풍은 항상 내 안에 있는 어떤 정열도 일깨워 준다. 나는 열정을 띠고 작업 속에서 안식을 추구하며 가끔 거센 폭풍우가 이는 산꼭대기 위에 서 있는 나 자신을 상상해본다.

6.

아내가 샴푸를 하고 있는 동안 집배원은 초인종을 세 번 누르고 돌아갔고, 그 시각, 북한산 백운대에서는 발을 헛디뎌 추락한 남자 등산객이 의식을 잃는 채 119헬기에 구조되는 장면이 뉴스에 나오고 있었고, 집 앞 네거리 다리 앞에선 신호를 무시한 시외버스가 횡단보도를 건너던 젊은 여자를 치어 구급차에 실려 가게 하고, 막 공부를 마치고 도서관 문을 나서던 아이는 갑자기 쏟아지는 비에 응답 없는 손 전화를 꼭 쥔 채, 도서관 처마 밑에서 먹구름 가득한 하늘을 올려다보고 있었다.

7.

아이가 내 곁을 지나치면서 엉덩이를 툭툭 친다. 돌아보니 녀석의 얼굴에 장난 끼가 가득하다. 요놈을 어떻게 할 까 하다가 아무렇지 않은 듯 표정을 감췄다. 잠시 시간이 흐른 뒤 책상에 앉아 책을 읽는 녀석의 뒤로 다가가 머리에 알밤을 먹였다. 녀석은 특유의 엄살로 머리통을 감싸며 신음소리를 낸다.

아이와 방바닥을 뒹굴며 한참동안 씨름을 하고나니 온몸이 땀범벅이 되었다. 욕실로 가서 몸을 씻어 주고 난 후 거울 앞에 선 아이의 얼굴에 활짝 생기가 돈다.

육남매의 우리 집은 하루도 조용할 날이 없었다. 매일같이 한 이불속에서 뒹굴며 먹을 것, 입을 것, 공부도 서로 경쟁하며 자랐다. 그때를 생각하면 늘 혼자인 아이가 안쓰럽기만 하다. 텔레비전을 잘 보지 않는 아이는 공부를 하다가 지치면 마당으로 나가 벽을 향해 힘껏 공을 차다가도 그것마저도 신명이 나지 않으면 자전거를 타고 강변을 따라 한참을 달려갔다 오기도 한다. 함께 놀아줄 형제가 없는 아이는 외로움이 많다. 그런 까닭에 내가 자기 근처에 있을 때면 살그머니 내 뒤로 다가와 내 엉덩이를 어린아이 엉덩이 토닥거리듯 툭툭 치기도 하고 방에 누워 텔레비전을 보고 있으면 조용히 다가와 내 팔을 끌어 팔베개를 하고 다리를 포개 슬슬 문지르며 불룩한 내 배가 임신한 배 같다며 쿡쿡 찌르면서 장난을 걸어오기도 한다. 온종일 책상에 앉아 조용히 책을 읽는 아이를 보면 동생 하나 더 낳을걸 하고 때 늦은 후회를 하게 된다.

꿈

내 어릴 적 꿈은

세상에서 제일 큰 서점의 주인이 되는 것이었다.

그러다 이십대에는

세상에서 제일 아름다고 착한 여인 만나 결혼해서 행복하게 사는 것이었다.

삼십대에는

푸른 바다가 내려다보이는 언덕위에 멋진 집을 짓고 사는 것이었다.

사십대에는

니체처럼 이름난 대 문호가 되는 것이었다.

이제 내 나이 오십을 넘기고 보니

내 이름 석 자 걸린 멋진 문학관 하나 후대에 남기고 가는 것이 마지막 꿈으로 남았다.

詩

내 여인

내 여인은
무표정한
나를 보고
온화한 얼굴로
늘 미소 지으라 하고
양복만 고집하는 내게
면바지와 운동화를
신으라고 하고
흰머리
염색하지 않으면
함께 다니지 않는다고 하고
까다로운 식성에
아무거나 잘 먹지 않는다고
자기가 좋아하는
순대와 족발을
억지로 먹이려들고

음식 냄새나는 입을

내 입술에

갑자기 입 맞추고

부부는 떨어져 자면 안 된다며

한 여름에도 내 팔 베개를 하고 자고

소주 한 병 마시면

나보다

더 많이 코를 골고

아침이면

화장 끼 없는

부스스한 얼굴로 들이밀고

책상에 앉아

원고작업에 한창 몰두하고 있으면

가만히 다가와

예쁜 엉덩이를 흔들며

나를 유혹하고

연아, 하고
이름 부르면
자기야, 라고
다정하게 부르지 않으면
대답 않는다고 하고
중요한 모임에 나갈 때
청바지와 맨발에
구두를 신고
사람들에게
마누라라고 소개하면
자기는
애인사이라고 한다

내 아내 연이

밤늦게 일을 마치고 온 아내는 옷을 갈아입고 야간자율학습을 마치고 돌아오는 아이를 마중하기 위해 길 건너 버스정류장으로 향한다. 한참을 어두운 길 위를 서성이다 아이와 재회한 아내의 얼굴은 옛날 고향집 마당에 들어서기도 전에 맨발로 마중 나오시던 어머니의 활짝 핀 얼굴처럼 환해진다.

아내는 아침 6시면 어김없이 일어나 아침밥을 짓는다. 아침 일찍 등교하는 아이에게 따뜻한 밥과 국을 먹여 보내야 안심이 된다는 아내는 늘 잠이 부족해 피곤한 몸을 겨우 추슬러 일어나면서도 아이가 초등학교에 들어가던 때부터 단 하루도 아침밥을 걸러 보내지 않았다.

가족을 위해서라면 제 한 몸 부서져도 여한이 없다는 말을 입버릇처럼 하는 아내는 구 남매 장녀로 태어났다. 초등학교 때부터 멸치 어장일로 바쁜 부모님을 대신 해 집안 살림을 맡아했다. 위로 하나 밖에 없는 오빠와 아래의 동생들을 뒷바라지를 하며 고생만 하고 자랐지만 구김살 하나 없는 밝은 모습을 보고 있노라면 나도 모르게 마음이 숙연해져온다.

우리가 함께 산지도 어언 25년의 시간이 흘러갔다. 아내를 만나던 그 해 가을, 나는 내 생애 최악의 순간을 보내고 있었다. 두 번의 결혼에 실패한 나는 8살이 된 딸과 힘든 하루하루를 버텨내고 있었다. 유난히 추웠던 겨울이 지나고 거리에 온통 벚꽃이 절정을 이루고 있을 때 백일이 갓 지난 딸아이를 데리고 그녀는 편지 한 장 남기지 않고 살던 집에서 나갔다. 나는 다니던 직장을 그만두고 초등학교에 다니는 딸을 이웃에 맡겨 놓고 그녀의 고향집으로 서울로 큰 오빠가 사는 안양으로 친한 후배와 선배, 친척집까지 갈 만한 곳은 모두 수소문했지만 행방을 알 길이 없었다.

그러다가 석 달 만에 전화를 받고 달려간 그녀 고향집에서 그녀의 엄마와 오빠, 동생과 마주하게 되었다. 그녀 엄마는 아이는 우리가 키울테니 자신의 딸을 그만 놓아달라고 했다. 그녀는 딸을 출산하고 얼마 지나지 않아 심한 우울증 증세를 보였었다. 밤에 잠을 못 이루는 그녀를 데리고 이름난 한의원, 침술 원을 찾아다니며 대학병원에서 정신과 치료도 받게 했지만 호전을 보이지 않았다. 그녀 엄마는 그녀를 조용한 절로 데려가 요양을 시킬 거라고 했다. 변변한 직업 없던 나를 탐탁지 않게 여기고 있던 그녀 엄마는 내가 초혼에 실패하고 딸아이가 있다는 사실을 뒤늦게 알고 난 후에 그녀와 헤어질 강요했다. 마지막 한 번만이라도 아이와 그녀 얼굴을 보여 달라고 애걸했지만 그녀의 가족들까지 합세해 헤어질 것을 강요했다. 나는 눈물조차 나오지 않았다. 집밖으로 쫓겨난 나는 대문 밖에서 밤을 지새우고 정신 나간 사람이 되어 내려왔다. 참담한 현실 속에서 살아갈 의욕을 잃는 나는 삶의 포기를 몇 번이나 생각했지만 홀로 남겨질 어린 딸을 두고 차마 생을 포기할 수가 없었다. 그렇게 육 개월을 넋 나간 사람이 되어 아침에 눈을 뜨면 아이를 씻겨 학교에 보내고 아이가 돌아오면 아이와 함께 근처 식당으로 가서 밥을 사 먹고 밤마다 술에 취해 잠이 들곤 했다.

내게서 악몽 같은 시간들은 아주 천천히 흘러갔다. 거리에 은행잎이 우수수 지던 어느 가을 날 저녁, 서울에서 사는 친구가 연락도 없이 찾아와 시내 번화가로 갔다. 길을 걷다가 노란 간판이 걸린 카페로 들어갔다. 이층 카페는 규모가 작은 아늑하고 조용했다. 입구에 들어서자 여인 둘 자리에서 일어서며 우릴 반겼다. 두 여인 중 젊은 여인은 키가 크고 이목구비가 뚜렷했고 조금 나이가 들어 보이는 여인은 얌전한 몸매에 정숙해 보였다. 나는 서글서글한 말투에 활달한 성격의 젊은 여인에게 호감이 갔다. 조용했던 카페 안이 연신 드나드는 손님들로 부산해졌다가 친구와 내가 한참동안 이야기를 나누는 사이 카페 안이 다시 조용해진 틈을 타 그녀들을 앞에 앉혀 놓고 나이는 얼마냐. 집은 어디냐. 꼬치꼬치 캐물었다. 두 사람이 자매간이며 나와 같은 동향이라는 말을 듣는 순간 그녀들에게 더욱 호감이 갔다.

당신의
밝은 쪽보다
어두운 쪽을 비추는 빛이 되겠습니다

당신을 사랑합니다

-〔고백〕 전문

일주일 만에 그 카페를 다시 찾았을 때 언니인 그녀 혼자 카페를 지키고 있었다. 동생은 고향 집에 다니러 갔다고 했다. 나는 동생 이야기를 꼬치꼬치 캐물으며 동생이 마음에 든다고 털어놓았다. 그녀는 동생은 이미 좋아하는 사람이 있다고 했다. 나는 좋아하는 사람이 있어도 상관없다고 했다. 내가 더 잘해주면 나에게 오지 않겠냐며 서슴없이 말을 꺼냈다. 그녀는 내 얼굴을 말없이 쳐다보며 엷은 미소만 지었다. 며칠 후 퇴근하고 집으로 돌아오는 길에 카페에 갔다. 그날도 동생은 보이지 않았다. 술김에 동생을 주지 않으려면 당신이 대신 나에게 오라고 말했다. 그녀는 말없이 웃고만 있었다. 다음날 퇴근해서 돌아오니 집안이 말끔히 치워져 있었다. 위채에 사는 김 형이 낮에 우렁이 각시가 와서 청소를 하고 갔다고 했다. 그녀는 그 날 이후에도 종종 집안을 치우고 반찬을 만들어 놓고 갔다. 그렇게 몇 달이 지나는 사이 딸아이와 그녀의 사이는 무척 가까워져 있었다. 아이는 친구들에게 우리엄마라고 자랑을 할 정도로 그녀를 무척 따랐다. 12월의 마지막 날 밤, 나는 그녀에게 고백을 했다. 내가 살아온 이야기, 우리 가족이야기를 모두 털어놓았다. 그녀는 내 이야기를 묵묵히 다 듣고는 내 손을 꼭 잡아주었다. 새해가 시작되고 며칠 지나지 않아 우리는 한 집에 살게 되었다. 초등학교에 다니는 딸아이 때문에 늘 노심초사 하던 나는 그녀가 하늘이 내려준 천사와도 같았다. 훗날 아내는 어린 딸을 데리고 혼자 사는 내 모습이 너무 안쓰러워 주위의 만류에도 나와 살기로 결심했다고 털어놓았다.

연이는 나와 함께 살면서 카페를 정리했다. 우리는 살던 곳에서 진주로 이사를 왔다. 나는 새 직장을 구했다. 연이도 금방 직장을 구했다. 일식요리사인 연이는 시내 중심가에 있는 일식집에 실장으로 취직을 했다. 우리가 함께 산지 석 달이 채 되지 않아 고유명절인 설이 다가왔다. 부모님이 계신 고향으로 인사를 드리러 갔다. 어머니는 연이를 보고 무척 마음에 들어 하셨다. 나를 안방으로 부른 아버지는 대뜸, 나이가 몇이냐. 고향엔 부모님은 계시냐. 하고 이것저것 꼬치꼬치 캐물으시곤 나보다 연상이라는 내 말에 왜 하필이면 나이 많은 여자냐. 하시며 탐탁지 않은 어조로 큰소리를 내셨다.

연이는 조상님 기일이 다가오면 직장에 결근계를 내고 제수를 사 들고 아침 일찍 부모님이 계신 고향집으로 가서 음식을 만들었다. 두 달 걸러 들어있는 기일이나 명절 때 조금이라도 늦게 가면 아버지는 큰소리로 역정을 내셨다. 그럴 때마다 연이는 마음고생으로 가슴앓이를 했다. 윗동서가 있었지만 동서는 새벽 늦게까지 가게를 한다는 핑계로 손끝 하나 까딱하지 않았다. 호랑이 같은 시아버지 앞에서도 너무나 당당한 동서를 보면서도 불평 한마디 하지 않는 연이가 나는 너무나 고맙기만 했다.

우리가 함께 산지 8년 만에 연이는 건강한 사내아이를 낳았다. 내 나이 마흔에 본 늦둥이였다. 예정일을 일주일이나 넘기고 자연분만으로 아이를 출산한 연이는 참으로 가상하고 대단한 여자였다. 노산이라 자연분만은 안 된다며 의사가 수술 날짜까지 정해 주었지만 열흘 가까이 병원에 가지 않고 있다가 극심한 산통이 몰려오자 한 밤중에 병원으로 갔다. 뱃속의 아이가 너무 커서 제왕절개를 하지 않으면 위험하다는 의사의 말을 듣지 않고 12시간만의 진통 끝에 자연분만을 했다. 나는 의사로부터 그 사실을 전해 듣고 적잖이 놀랬다. 아이가 태어나던 해는 우리나라 경제가 부도나고 IMF 구제 금융을 지원 받던 해였다. 나도 그 전해에 직장을 그만두고 쉬고 있을 때였고 연이도 의사의 권유로 직장에 출산휴가를 내고 집에 있을 때였다. 연이는 우리 수중에 가진 돈이 바닥을 보이자 돈을 아끼기 위해 자연분만을 고집했던 것이었다.

손이 귀한 집안에 사내아이가 태어나자 칠순이 넘은 아버지는 기뻐하시며 어머니와 함께 단숨에 우리 집으로 오셨다. 명절이나 제사 때마다 며느리를 불러 앉혀 놓고,

“아이는 안 낳을 것이냐. 사내아이를 낳지 못한다면 우리 집안에서 나가거라.”

역정을 내셨다. 그랬던 시아버지가,

“고맙다. 아가, 정말 고맙다. 손 귀한 집안에 귀한 아들을 낳아줘서 정말 감사하다. 그리고 미안하다. 그동안 마음고생 많았다는 것을 안다.

이제 소원은 없다. 손자 잘 키워다오."

연이는 그동안 쌓여있던 서러움의 눈물을 왈칵 쏟아내며 오히려 손자를 늦게 낳아 드려 죄송하다고 말을 할 때는 나도 모르게 뜨거운 눈물이 흘러내렸다. 그렇게 시아버지와의 갈등 속에서도 살아 계시는 동안 온 정성을 다해 부모님을 섬겼다.

내 아내 연이는 사랑스런 여인이다. 늘 애교가 넘친다. 간혹, 내가 퉁명스럽게 던지는 말에 마음을 상하기도 하지만 그 순간이 지나가면 웃음 띤 얼굴로 상냥하게 대답을 한다. 종종 나를 사랑하느냐, 왜 사랑하느냐, 얼마큼 사랑하는지를 묻는 아내에게 사랑한다는 말을 해 본지가 참으로 오래된 것 같다. 아내를 처음 만났을 때는 얼굴에 미소라곤 찾아볼 수 없는 냉정하고 쌀쌀한 표정에 말 붙이기 조차 어려웠다. 그 모습은 꼭 나를 보는 것 같아 곁에 쉽게 다가가지 못했다. 하지만 한 해 두 해 살아보니 속 깊고 정情많은 여자인 것을 알 수 있었다.

이제 우리가 함께 산지도 어언 스무 여섯 해가 되었다. 연이는 여태까지 나와 살아오는 동안 아이와 나에게 너무나 헌신적이었다. 내 어머니가 우리에게 그랬던 것처럼 조건 없는 사랑을 주었다. 먹을거리를 살 때도 가족을 먼저 생각하고 옷이며 생필품 하나도 살 때도 아이와 나를 먼저 생각하는 연이는 늘 입버릇처럼 말한다.

"당신과 아이를 위한 일이라면 난 어떤 고통도 참아낼 수 있어요."

내가 이 말을 처음 들었을 때 진심 어린 말이 아닌 줄 알았다. 하지만 긴 세월을 함께 살아오는 동안 신심이 담긴 말이라는 것을 알 수 있었다. 연이는 변변한 돈벌이가 없는 나를 대신해 직장에 나가고 있다. 하루 종일 주방에서 일을 하고 늦은 밤이 되면 지친 몸을 이끌고 돌아온다. 젊은 날 패션디자이너가 꿈이었던 연이는 돈을 제대로 벌어다 주지 않는 나를 대신해 가족을 책임지느라 그 꿈을 접었다. 어릴 적 우리 집은 부유한 집안이었다. 그 옛날 우리 집은 근동에서도 다 아는 천석 군의 집안이었다. 일본에서 독립운동을 하던 할아버지가 많고 많은 전답들을 독립자금으로 쓰셨고, 아버지께서는 남은 재산을 사업으로 거의 탕진하셨다. 남해 부농의 집안에서 태어나 천석 군의 집으로 시집와 양식 걱정 없이 사신 어머니는 나를 낳으신 그 해 우리 육남매를 위해 시장으로 나가셨다. 인정 많고 남에게 나눠주기를 좋아하신 어머니를 쏙 빼 닮은 나는 씀씀이가 커서 수중에 돈이 있으면 친구든 후배든 밥 사주고 술도 사주고 용돈도 주었다. 지금까지 아내를 만나 살면서도 변변한 돈봉투 한 번 가져다주지 못했다. 회사에 다닐 때도 월급을 받으면 밤새 봉투째 술을 다 퍼 마시고 남은 몇 푼의 돈을 내밀어도 불평 한마디 하지 않았다.

요즘 들어 부쩍 몸이 약해진 아내는 하루 종일 서서 일을 하는 까닭에 부어오른 발목 통증에 잠을 제대로 못 이룬다. 밤새 끙끙 신음소리를 내며 뒤척이는 아내를 볼 때마다 여태껏 나와 함께 살면서 고생만 시킨 것 같아 마음한편이 아려온다.

오늘 아침에도 새벽까지 원고에 매달려 있다가 곤히 잠들어 있는 내가 깰까봐 조용히 문을 닫고 출근하는 아내의 마음씀씀이가 고맙다. 자신의 몸이 비록 고달프고 힘들어도 내색 한 번 하지 않고 늘 미소 짓는 아내가 늘 고맙고 감사하다.

아내와 나는 여느 청춘남녀들처럼 뜨거운 연애 한번 못해 보고 긴 세월을 함께 살아왔지만 나를 향한 아내의 사랑이 진정한 사랑이라는 것을 나는 늦게 깨달게 되었다.

내가 다시 태어난다면 내 아내 연이를 꼭 다시 만나 그땐 고생 시키지 않고 정말 행복하게 해 주고 싶다.

〔2015. 04. 07〕

詩

운 명·2

당신은
나보다 이 땅에 먼저 내려와
나를 기다리고 있었습니다

당신과 나는 이곳에 오기 훨씬 전부터
서로를 사랑하던 사이였습니다

당신을 그리워하며
바람처럼 구름처럼 한없이 떠돌다가
당신을 늦게 찾았을 뿐이지요

당신은
화려하지도 진한 향기도
뿜어내지 않았지만
벅찬 가슴으로 내게로 다가왔습니다

진정한 사랑이 무엇인지 모르는 나를
따뜻한 가슴으로 깨우쳐 주신 당신
당신은 나의 운명이요
영원한 사랑입니다

내 안에서 씨앗으로 있다가
아름다운 꽃으로 피어난 당신
당신을 사랑합니다

국립중앙도서관 출판예정도서목록(CIP)

사랑은 받을 때 보다 줄때가 더 행복하다 / 지은이: 이민호.
-- 서울 : 교음사, 2015
p. ; cm

ISBN 978-89-7814-666-1 03810 : ₩12000

한국 현대 수필[韓國現代隨筆]

814.7-KDC6
895.745-DDC23 CIP2015020254

사랑은 받을 때 보다 줄때가 더 행복하다

2015년 08월 25일 초판 인쇄
2015년 08월 30일 초판 발행
2015년 11월 01일 재판 발행

지은이 / 이민호
발행인 / 강석호

발행처 / 도서출판 교음사
편집 / 隨筆文學社 出版部

110-775 서울 종로구 경운동 88 수운회관 1308호
Tel (02) 737-7081, 739-7879(Fax)
e-mail : goessay@kornet.net
등록 / 세300-2007-52호

* 잘못된 책은 바꿔 드립니다. 값 12,000원

ISBN 978-89 7814-666-1 03810